Você e a Astrologia

ÁRIES

Bel-Adar

Você e a Astrologia

ÁRIES

*Para os nascidos de
21 de março a 20 de abril*

Editora
Pensamento
SÃO PAULO

Copyright edição brasileira © 1968 Editora Pensamento-Cultrix Ltda.

14ª edição 2012.

Todos os direitos reservados. Nenhuma parte desta obra pode ser reproduzida ou usada de qualquer forma ou por qualquer meio, eletrônico ou mecânico, inclusive fotocópias, gravações ou sistema de armazenamento em banco de dados, sem permissão por escrito, exceto nos casos de trechos curtos citados em resenhas críticas ou artigos de revistas.

A Editora Pensamento não se responsabiliza por eventuais mudanças ocorridas nos endereços convencionais ou eletrônicos citados neste livro.

Dados Internacionais de Catalogação na Publicação (CIP)
(Câmara Brasileira do Livro, SP, Brasil)

Bel-Adar
    Você e a astrologia : áries : para os nascidos de 21 de março a 20 de abril / Bel-Adar. – São Paulo : Pensamento, 2009.

    13ª reimpr. da 1. ed. de 1968.
    ISBN 978-85-315-0712-0

    1. Astrologia 2. Horóscopos I. Título.

08-10798   CDD-133.5

Índices para catálogo sistemático:
1. Astrologia 133.5

Direitos reservados
EDITORA PENSAMENTO-CULTRIX LTDA.
Rua Dr. Mário Vicente, 368 — 04270-000 — São Paulo, SP
Fone: (11) 2066-9000 — Fax: (11) 2066-9008
E-mail: atendimento@editorapensamento.com.br
http://www.editorapensamento.com.br
Foi feito o depósito legal

ÍNDICE

ASTROLOGIA 7

O ZODÍACO... 15

ÁRIES, O CARNEIRO 19

NATUREZA CÓSMICA DE ÁRIES 21
O elemento fogo, 21. Vibração, 23. Polaridade, 23. Ritmo, 25. Manifestação de energia, 26. Fertilidade, 27. Figura simbólica, 27. Vênus em Áries, 28. Saturno em Áries, 29. O Sol em Áries, 29. Síntese cósmica, 30.

O ARIANO 33
Como identificar um ariano, 33. O líder, 34. A independência, 36. O domínio do "eu", 37. A mulher de Áries, 38. O ataque direto, 40. Emoção e perigo, 42. Inquietude, 44. Síntese, 46.

O DESTINO... 47
Evolução material, 48. Família, 50. Amor, 52. Filhos, 53. Vida social, 54. Finanças, 55. Saúde, 58. Amigos, 59. Inimigos, 60. Viagens, 61. Profissões, 62. Síntese, 65.

A CRIANÇA DE ÁRIES.. 67

O TRIÂNGULO DE FOGO.. 71

AS NOVE FACES DE ÁRIES 75

Tipo Ariano–Marciano, 75. Tipo Ariano–Solar, 77. Tipo Aria–Jupiteriano, 80.

ÁRIES E O ZODÍACO 83

Áries–Áries, 85. Áries–Touro, 88. Áries–Gêmeos, 91. Áries–Câncer, 94. Áries–Leão, 98. Áries–Virgem, 101. Áries–Libra, 104. Áries–Escorpião, 108. Áries–Sagitário, 111. Áries–Capricórnio, 115. Áries–Aquário, 118. Áries–Peixes, 122.

MARTE, O REGENTE DE ÁRIES... 127

Simbolismo das cores, 132. A magia das pedras e dos metais, 135. A mística das plantas e dos perfumes, 136.

MARTE E OS SETE DIAS DA SEMANA 139

Segunda-Feira, 139. Terça-Feira, 140. Quarta-Feira, 141. Quinta-Feira, 142. Sexta-Feira, 143. Sábado, 144. Domingo, 145.

MITOLOGIA.. 147

Áries, 147. Marte, 151.

ASTRONOMIA 153

A constelação de Áries, 153. O planeta Marte, 154.

ALGUNS ARIANOS FAMOSOS 159

ASTROLOGIA

Mergulhando no passado, em busca das origens da Astrologia, descobre-se que ela já existia, na Mesopotâmia, trinta séculos antes da Era Cristã. No século VI a.C., atingiu a Índia e a China. A Grécia recebeu-a em seu período helênico e transmitiu-a aos romanos e aos árabes. Caldeus e egípcios a praticaram; estes últimos, excelentes astrônomos e astrólogos, descobriram que a duração do ano era de 365 dias e um quarto e o dividiram em doze meses, de trinta dias cada, com mais cinco dias excedentes.

Foram os geniais gregos que aperfeiçoaram a Ciência Astrológica e, dois séculos antes da nossa era, levantavam horóscopos genetlíacos exatamente como os levantamos hoje. Criaram o zodíaco intelectual, com doze signos de trinta dias, ou trinta graus cada, e aos cinco dias restantes deram o nome de epagômenos. Delimitaram a faixa zodiacal celeste, sendo que os primeiros passos para isso foram dados pelo grande filósofo Anaximandro e por Cleostratus. Outro filósofo, de nome Eudoxos, ocupou-se de um processo chamado *catasterismo*, identificando as estrelas com os deuses. Plutão associou o Sol a um deus composto, Apolo-Hélios, e criou um sistema de teologia astral. Hiparcus, um dos maiores gregos de todos os tempos, foi apologista fervoroso do poder dos astros, e epicuristas e estóicos, que compunham as duas mais poderosas frentes filosóficas que o homem jamais conheceu, dividiam suas opiniões; enquanto os epicuristas rejeitavam a Astrologia, os estóicos a defendiam ardentemente e cultivavam a teoria da *simpatia universal*, ligando o pequeno mundo do homem, o microcosmo, ao grande mundo da natureza, o macrocosmo.

Os antigos romanos relutaram em aceitar a ciência dos astros, pois tinham seus próprios deuses e processos divinatórios. Cícero repeliu-a mas Nigidius Figulus, o homem mais culto de sua época, defendeu-a com ardor. Com o Império ela triunfou e César Augusto foi um dos seus principais adeptos. Com o domínio do cristianismo perdeu sua característica de conhecimento sagrado, para manter-se apenas como arte divinal, pois os cristãos opunham a vontade do Criador ao determinismo das estrelas. Esqueceram-se, talvez, que foi o Criador quem fez essas mesmas estrelas e, segundo o Gênese, cap. 1, vers. 14, ao criá-las, disse:

"...e que sejam elas para sinais e para tempos determinados..."

Nos tempos de Carlos Magno, a Astrologia se espalhou por toda a Europa. Mais tarde, os invasores árabes reforçaram a cultura européia e a Ciência Astronômica e Astrológica ao divulgarem duas obras de Ptolomeu, o Almagesto e o Tetrabiblos. Na Idade Média ela se manteve poderosa e nem mesmo o advento da Reforma conseguiu prejudicá-la, sendo que dois brilhantes astrônomos dessa época, Ticho Brahe e Kepler, eram, também, eminentes astrólogos.

Hoje a Ciência Astrológica é mundialmente conhecida e, embora negada por uns, tem o respeito da maioria. Inúmeros tratados, onde competentes intelectuais estabelecem bases racionais e milhares de livros, revistas e almanaques populares são publicados anualmente e exemplares são permutados entre todos os países. Gradualmente ela vem sendo despida de suas características de adivinhação e superstição, para ser considerada em seu justo e elevado valor, pois é um ramo de conhecimento tão respeitável quanto a Psicologia, a Psicanálise, a Psiquiatria ou a Parapsicologia, que estudam e classificam os fenômenos sem testes de laboratório e sem instrumentos de física, empregando, apenas, a análise e a observação.

Os cientistas de nossa avançada era astrofísica e espacial já descobriram que, quando há protuberâncias no equador solar ou explodem bolhas gigantescas em nosso astro central, aqui, na Terra, em conseqüência dessas bolhas e explosões, seres humanos sofrem ataques apopléticos ou são vitimados por embolias; isto acontece porque a Terra é bombardeada por uma violenta tempestade de elétrons e ondas curtas, da natureza dos Raios Roentgen, que emanam das crateras deixadas por essas convulsões solares e que causam, nos homens, perturbações que podem ser medidas por aparelhos de física e que provocam os espasmos arteriais, aumentando a mortalidade. Usando-se um microscópio eletrônico, pode-se ver a trajetória vertiginosa dos elétrons, atravessando o tecido nervoso de um ser humano; pode-se, também, interromper essa trajetória usando campos magnéticos. Raios cósmicos, provindos de desconhecidos pontos do Universo, viajando à velocidade de 300 000 quilômetros por segundo e tendo um comprimento de onda de um trilionésimo de milímetro, caem como chuva ininterrupta sobre a Terra, varando nossa atmosfera e atravessando paredes de concreto e de aço com a mesma facilidade com que penetram em nossa caixa craniana e atingem nosso cérebro. Observações provaram que a Lua influencia as marés, o fluxo menstrual das mulheres, o nascimento das crianças e animais, a germinação das plantas e provoca reações em determinados tipos de doentes mentais.

É difícil, portanto, admitir esses fatos e, ao mesmo tempo, negar que os astros possam emitir vibrações e criar campos magnéticos que agem sobre as criaturas humanas; é, também, difícil negar que a Astrologia tem meios para proporcionar o conhecimento do temperamento, caráter e conseqüente comportamento do homem, justamente baseando-se nos fenômenos cósmicos e nos efeitos magnéticos dos planetas e estrelas. Um cético poderá observar que está pronto a considerar que é possível classificar, com acerto, as criaturas dentro de doze signos astrológicos mas que acha absurdo prever o destino por meio dos astros. Objetamos, então, que o destino de uma pessoa resulta de uma série de fatores, sendo que os mais importantes, depois do seu caráter e temperamento, são o seu comportamento e as suas atitudes mentais. Pode-se, por conseguinte, com conhecimentos profundos da Astrologia, prever muitos acontecimentos, com a mesma base científica que tem o psiquiatra, que pode adivinhar o que acontecerá a um doente que tem mania de suicídio, se o deixarem a sós, em um momento de depressão, com uma arma carregada.

Muitos charlatães têm a vaga noção de que Sagitário é um cavalinho com tronco de homem e Capricórnio é um signo que tem o desenho engraçado de uma cabra com rabinho de peixe. Utilizando esse "profundo" conhecimento, fazem predições em revistas e jornais, com razoável êxito financeiro. Outros "astrólogos", mais alfabetizados, decoram as induções básicas dos planetas e dos signos e depois, entusiasmados, fazem horóscopos e previsões de acontecimentos que não se realizam: desse modo, colocam a Astrologia em descrédito, da mesma forma que seria ridícula a Astronáutica se muitos ignorantes se metessem a construir espaçonaves em seus quintais. Devem todos, pois, fugir desses mistificadores como fugiriam de alguém que dissesse ser médico sem antes ter feito os estudos necessários. Os horóscopos só devem ser levantados por quem tem conhecimento e capacidade e só devem ser acatadas publicações endossadas por nomes respeitáveis ou por organizações de reconhecido valor, que se imponham por uma tradição de seriedade e rigor.

A Astrologia não é um negócio, é uma Ciência; Ciência capaz de indicar as nossas reais possibilidades e acusar as falhas que nos impedem de realizar nossos desejos e os objetivos da nossa personalidade; capaz de nos ajudar na educação e orientação das crianças de modo a que sejam aproveitadas, ao máximo, as positivas induções do signo presente no momento natal; que pode apontar quais os pontos fracos do nosso corpo, auxiliando-nos a preservar a saúde; essa ciência nos mostrará as afinidades e hostilidades existentes entre os doze tipos zodiacais de modo que possamos ter felicidade no lar, prosperidade nos negócios, alegria com os amigos e relações harmônicas com todos os nossos semelhantes. As estrelas, enfim, nos desvendarão seus mistérios e nos ensinarão a solucionar os transcendentes problemas do homem e do seu destino, dando-nos a chave de ouro que abrirá as portas para uma vida feliz e harmônica, onde conheceremos mais vitórias do que derrotas.

Bel-Adar

O ZODÍACO

O zodíaco é uma zona circular cuja eclíptica ocupa o centro. É o caminho que o Sol parece percorrer em um ano e nela estão colocadas as constelações chamadas zodiacais que correspondem, astrologicamente, aos doze signos. O ano solar (astronômico) e intelectual (astrológico) tem início em 21 de março, quando o Sol atinge, aparentemente, o zero grau de Áries, no equinócio vernal, que corresponde, em nossa latitude, à entrada do outono. Atualmente, em virtude da precessão dos equinócios, os signos não correspondem à posição das constelações, somente havendo perfeita concordância entre uns e outros a cada 25 800 anos, o que não altera, em nada, a influência cósmica dos grupos estelares em relação ao zodíaco astrológico.

Em Astrologia, o círculo zodiacal tem 360 graus e está dividido em doze Casas iguais, de 30 graus cada. Não há, historicamente, certeza de sua origem. Nos monumentos antigos da Índia e do Egito foram encontrados vários zodíacos, sendo os mais célebres o de

Denderah e os dos templos de Esné e Palmira. Provavelmente a Babilônia foi seu berço e tudo indica que as figuras que o compunham, primitivamente, foram elaboradas com os desenhos das estrelas que compõem as constelações, associados a certos traços que formam o substrato dos alfabetos assírio-babilônicos.

Cosmicamente, o zodíaco representa o homem arquetípico, contendo: o binário masculino-feminino, constituído pela polaridade *positivo-negativa* dos signos; o ternário rítmico da dinâmica universal, ou seja, os ritmos *cardinal, fixo* e *mutável;* o quaternário, que representa os dois aspectos da matéria, cinético e estático, que se traduzem por *calor e frio — umidade e secura.* Este quaternário é encontrado nas forças fundamentais — radiante, expansiva, fluente e coesiva — e em seus quatro estados de materialização elementar: *fogo, ar, água* e *terra.*

Na Cabala vemos que Kjokmah, o segundo dos três principais Sephirot, cujo nome divino é Jehovah, tem como símbolo a *linha* e seu Chakra mundano, ou representação material, é Mazloth, o Zodíaco. Também a Cabala nos ensina que Kether, o primeiro e supremo Sephirahm cujo Chakra mundano é "Primeiro Movimento", tem, entre outros, o seguinte título, segundo o texto yetzirático: *Ponto Primordial.* Segundo a definição euclidiana, o ponto tem posição, mas não possui dimensão; estendendo-se, porém, ele produz a linha. Kether, portanto, é o Ponto Primordial, o princípio de todas as coisas, a fonte de energia não manifestada, que se estende e se materializa em Mazloth, o Zodíaco, cabalisticamente chamado de "O Grande Estimulador do Universo" e misticamente considerado como Adam Kadmon, o primeiro homem.

Pode-se, então, reconhecer a profunda e transcendente importância da Astrologia quando vemos no Zodíaco o Adam Kadmon, o homem arquetípico, que se alimenta espiritualmente através do cordão umbilical que o une ao logos e que está harmonicamente adaptado ao equilíbrio universal pelas leis de Polaridade e Ritmo expressas nos doze signos.

ÁRIES, O CARNEIRO

Áries é a primeira constelação zodiacal e o primeiro signo astrológico, ocupando o período que vai de 21 de março a 20 de abril. Tem como símbolo um carneiro e sua palavra-chave é ATIVIDADE. Misticamente, representa o primeiro estágio de Adão, o homem recémcriado, animado pelo sopro divino, sem preocupações filosóficas ou estéticas, impelido, apenas, pela vontade de viver, conquistar e dominar um mundo selvagem, jovem e virgem, há pouco surgido do Caos.

Segundo a Cabala Mística, seu regente divino é Malquidiel e, na Magia Teológica, a ordem dos anjos a ele correspondente é a dos Serafins. De acordo com o conhecimento Rosa-Cruz, as iniciais I.N.R.I., colocadas no madeiro em que Jesus foi crucificado, indicam os quatro elementos, em língua hebraica: *Iam,* água — *Nour,* fogo — *Ruach,* espírito ou ar vital — *Iabeshab,* terra. O fogo, elemento a que pertence Áries, é, portanto, simbolizado pelo N, a terceira letra da Cruz.

Por sua natureza ígnea, nos quatro Planos da Vida, ele corresponde ao Plano Espiritual. Na Magia Teúrgica, pertence aos espíritos do fogo, as Salamandras; nas palavras da oração mágica dessas ardentes criaturas das chamas, encontramos o apelo que o homem faz ao Criador para que o erga do pó e o ajude a se elevar:

"Eterno, inefável e incriado pai de todas as coisas, que és conduzido sobre o carro que roda sem cessar nos mundos que giram sempre; dominador das imensidades etéreas, onde está assente o trono do teu poder, do alto do qual teus olhos temíveis tudo descobrem, levanta teus filhos, que amaste desde o nascimento dos séculos..."

NATUREZA CÓSMICA DE ÁRIES

O elemento fogo

Como signo de fogo e primeiro setor zodiacal, cabe a Áries dar o impulso inicial a todas as coisas. Os que nascem sob sua influência recebem a missão de criar, mover e dinamizar. O ariano pode não ser o agente intelectual de todas as realizações importantes mas é, sempre, o pioneiro. Este signo imprime, em seus nativos, o maravilhoso desejo de lutar e conquistar, dando-lhes o conhecimento intuitivo de que tudo foi criado com o propósito de servir à sua evolução.

Manifestando-se no campo humano e material, Áries tem sempre a tendência de esquecer que atrás de si vem todo o zodíaco, com suas Casas cósmicas que representam etapas de aperfeiçoamento. É, por conseguinte, no choque com os outros tipos astrológicos que mais se evidenciam os defeitos e qualidades dos arianos. Essas características são aumentadas em virtude da poderosa influência do violento planeta Marte, regente deste signo, e da benéfica vibração do Sol, que aqui encontra sua exaltação.

O fogo é a fonte da criação e da inspiração. Como filhos desse elemento, cabe aos arianos o papel de impulsionar, mas devem ter cuidado para não derrubar, em seu avanço, coisas que mais tarde farão muita falta. Cabe-lhes a tarefa de ativar e incentivar, mas é necessário que reúnam a prudência à ação, para que não destruam aquilo que foi penosamente construído, pois costumam agir como o carneiro que serve de símbolo a este signo, arremetendo cegamente sobre seu objetivo, sem pensar e sem medir conseqüências.

Na chama ardente de uma vontade impetuosa, os arianos poderão aniquilar seus defeitos e exaltar suas qualidades, o que os levará à almejada perfeição. Devem, portanto, agir com sabedoria, para que seus aspectos positivos não sejam consumidos e os negativos vençam, incontrolados. Devem agir com cautela para que sua chama interior não se desgaste em ataques inúteis e empreendimentos exorbitantes. É necessário cultivar a constância para que seu entusiasmo ardente não seja como a labareda fugaz, que tudo abrasa e destrói em poucos instantes, apagando-se depois e deixando um rastro de cinzas à sua passagem.

Vibração

Por sua condição de fuso angular zodiacal, Áries proporciona um temperamento dinâmico e realizador e seus impulsos vibratórios conferem iniciativa, audácia, agressividade e destemor. Os arianos recebem a intensidade vibratória determinada por essa posição angular, ou cardeal, do Carneiro e isto determina, neles, a necessidade de pôr todas as suas energias em ação e o desejo de viver livremente, buscando sempre novas atividades e novas lutas. Agrada-lhes a posição de líder e não fogem às responsabilidades, quando as assumem voluntariamente. Falta-lhes, porém, quase sempre, a constância necessária para terminar as obras que iniciam, sendo este um dos grandes defeitos proporcionados por este setor zodiacal, cujas induções são extraordinariamente úteis e valiosas.

Polaridade

Áries possui polaridade positiva, ou masculina. Em Astrologia, masculino ou feminino, positivo ou negativo são termos que, quando empregados em relação aos signos, não indicam sexo, debilidade ou exaltação, mas identificam os pólos em complementação mútua. Positivo e negativo, quando usados em relação aos indivíduos, identificam sua qualidade moral.

Sendo, então, um signo de polaridade positiva, masculina, sabemos que Áries possui energia própria e que seus nativos independem de estímulos alheios para realizar seus objetivos. A missão dos arianos, como já dissemos, é de pioneirismo; movem, dinamizam, irradiam forças e impõem sugestões mentais através de sua personalidade magnética e dominadora. Sua inteligência pode ser tão luminosa quanto a chama que simboliza sua natureza ígnea. Dificilmente, porém, concretizam suas criações porque não apreciam o trabalho paciente e metódico que é exigido para que qualquer processo mental possa materializar-se. Como sua natureza é mais inclinada a criar e comandar do que a construir e aplicar, suas idéias quase sempre só se tornam realidade quando suas atividades são complementadas por elementos de outros signos. Homens e mulheres nascidos neste signo devem aproveitar sabiamente suas maravilhosas induções, pois, tanto nos tipos superiores como nos inferiores, verifica-se sempre muita coragem e entusiasmo, sendo que as mulheres arianas se distinguem das demais representantes do belo sexo devido ao seu arrojo e destemor.

É bom lembrar, todavia, que as vibrações negativas do Carneiro manifestam-se com a mesma intensidade que as suas qualidades positivas; seus nativos, menos evoluídos, podem ser despóticos, rudes, egoístas, insensíveis, orgulhosos e cruéis.

Ritmo

O ritmo de Áries é impulsivo e sua natureza é irradiante e inquieta. Os arianos sentem-se atraídos por tudo o que exige movimento. Acreditam somente na ação direta e são exageradamente independentes, raramente admitindo qualquer orientação ou conselho, preferindo sempre agir por sua própria conta e risco.

Por esta qualidade impulsiva, Áries não se inclina à meditação, ao planejamento cuidadoso ou ao trabalho paciente e organizado. Sua vibração faz com que seus nativos sejam imprudentes, volúveis e dispersivos; podem parecer muito interessados em seus projetos e atividades, mas se aparece algo novo e diferente abandonam tudo e saem em perseguição dessa novidade, sem pensar no prejuízo que podem causar a si mesmos, à sua família ou a quem quer que esteja diretamente ligado a eles ou ao seu trabalho.

Por outro lado, essas mesmas condições cósmicas fazem dos arianos os criadores das grandes obras. Não enxergando as dificuldades do caminho e vendo somente o alvo que pretendem atingir, conseguem, muitas vezes, realizar tarefas aparentemente impossíveis. Seu maior desejo é criar novas ordens e novas leis, mudar a orientação política, social ou religiosa e criar organizações onde, ao redor dos seus ideais, consigam agrupar um número infindável de seguidores, seja num sentido positivo, como o das obras realizadas pelos arianos São Francisco de Xavier e São Francisco de Paula, seja num sentido negativo, como o da atuação do brilhante e nefasto ariano Adolf Hitler.

Manifestação da energia

Áries é um signo violento e sua energia se manifesta, sempre, de modo intenso e total. Seus nativos, geralmente, só sabem agir impondo sua vontade poderosa e utilizando a força; o pior é que, neles, quase sempre, a vontade caminha de mãos dadas com a irreflexão e o orgulho. Devem, pois, aproveitar o potencial de energia contido neste signo, mas precisam, antes de tudo, aprender a refrear seu temperamento e moderar suas tendências.

O adjetivo *violento*, aplicado a um signo do zodíaco ou a um planeta, significa força criadora, impetuosa e invencível, que não conhece obstáculos ou repressões; no homem menos evoluído esse potencial energético pode transformar-se em elemento de destruição, pois será induzido pela vontade de dominar e não conhecerá outro domínio além dos seus desejos e ambições pessoais.

Fertilidade

Áries é estéril e isto indica que sua influência movimenta e dinamiza, mas não tem o poder de fecundar e multiplicar, a não ser que outros se encarreguem de auxiliá-lo. Ele age como o arado que convulsiona a terra, preparando-a para o plantio. O solo, porém, permanecerá estéril se alguém não colocar, ali, a semente que irá germinar sob outras vibrações; a amorosa irradiação de Vênus, o vitalizante calor do Sol e o úmido influxo lunar.

Áries, portanto, não favorece a procriação e os arianos, principalmente as mulheres, não terão filhos a não ser que, em seu céu astrológico natal, os planetas benéficos e fecundos se encontrem em setores e ângulos favoráveis. A esterilidade do Carneiro pode, também, refletir-se no temperamento dos que nascem sob suas estrelas; os aspectos planetários desfavoráveis, no momento natal, podem determinar frieza, falta de afeto, pouco apego à família e pouco amor aos semelhantes.

Figura simbólica

Tendo como selo um carneiro, Áries é considerado um signo animal. A não ser que sejam beneficiados por outras influências planetárias, os arianos não serão agraciados com grande beleza física. Certas criaturas podem assemelhar-se ao carneiro, que é o zootipo correspondente a esse signo; outras podem parecer-se a um cão, que é o zootipo correspondente a Marte que, segundo a mitologia, andava sempre acompanhado por um cão fiel.

Os arianos possuem grande vitalidade, são admiradores da força física e são dotados de imenso poder recuperativo. Seu andar é decidido e seus gestos são bruscos e rápidos. Não existe musicalidade na voz dos homens e das mulheres deste signo, mas eles podem, no entanto, atrair e dominar as multidões, mesmo se sua voz for rascante e desagradável, em virtude de seu intenso magnetismo físico, ou *animal*.

O carneiro simboliza o sacrifício. Por estranho que pareça, o ariano é o tipo astrológico menos inclinado à auto-imolação: sabe, porém, oferecer-se como vítima no altar de seus ideais, como São Francisco, ou no altar de sua ambição, como Hitler.

Vênus em Áries

Este é o setor zodiacal onde o benéfico planeta Vênus encontra o seu exílio. Por essa razão, os arianos sabem conquistar, mas dificilmente sabem conservar; podem proteger mas não têm habilidade para acariciar; fazem-se temer mas dificilmente se fazem amar.

Governado pelo potente e agressivo planeta Marte, este signo repele a emotiva e sensível irradiação venusiana, que pode quebrar ou amortecer sua impetuosidade, inibir suas características principais e desviar sua energia mental, conduzindo-a para baixo, através do tríplice cordão espinal, transformando-a em força animal, puramente sexual.

Saturno em Áries

Saturno, o grande senhor das Sombras e do Caos, debilita-se neste signo onde o Sol encontra sua exaltação. O frio, pesado e lento planeta não se adapta a esta radiante e inquieta vibração, que é da natureza do fogo criador e simboliza o renascimento eterno.

Quando se encontra em posição favorável, no momento do seu nascimento, Saturno pode transformar beneficamente o temperamento dos arianos, dando-lhes constância e persistência e ensinando-os a meditar, analisar e planejar. Em posição desfavorável, pode determinar extrema frieza, falta de afeto e intensa crueldade.

O Sol em Áries

O Sol se exalta em Áries, onde sua vibração é dinamizada, pois encontra campo magnético favorável à sua natureza soberana e poderosa. Incidindo beneficamente sobre os arianos, ele os torna generosos e idealistas, transforman-do-os em paladinos de todas as causas nobres.

Sua energia, que é a força que mantém a vida na Terra, aumenta a vitalidade. Sua irradiação acentua o desejo de poder e domínio, mas os arianos que sabem aproveitar sua mística exaltação recebem a iluminação espiritual, interior. Sua vontade de domínio, então, deixa de ser material e passa a ser conduzida por um ideal superior; são eles os condutores de almas e não de homens.

Síntese cósmica

A cada dia 21 de março Áries dá início a uma nova ronda zodiacal; é o renascimento de Adam-Kadmon, o homem macrocósmico, do qual cada um de nós é mi-crocósmica projeção. O Sol, que se esconde à noitinha e ressurge, radioso, ao amanhecer, parece significar a luta entre a vida e a morte, a luz e as trevas, o bem e o mal, o combate heróico que o homem deve travar até atingir a perfeição...

Filhos do Fogo, os arianos comportam-se como chama abrasadora, abrindo seu caminho sem sequer se comover diante do que vão destruir para realizar seus desejos. São impelidos por impulsos ardentes, mas se não procurarem dominar a vontade e os sentidos esses impulsos consumir-se-ão sem encontrar combustível para continuar abrasando. São os paladinos de muitas causas, mas se não aprenderem a agir de modo objetivo e realista acabarão, como Dom Quixote, quebrando lanças contra moinhos de vento.

Mais tarde, ao estudarmos o triângulo formado por Áries, Leão e Sagitário, que são três expressões distintas do mesmo elemento, o Fogo, veremos como o homem pode atingir a elevação em Áries; a humanização em Leão e a sublimação em Sagitário.

O ARIANO

Como identificar um ariano

Cicatriz na face ou na cabeça

A cabeça ou o corpo se curvam para a frente

Impaciência

Símbolo: o carneiro

Planeta regente: Marte

Casa natural: a primeira, relativa à personalidade

Elemento: fogo

Qualidade: cardinal

Região do corpo: cabeça, olhos, face

Pedra preciosa: diamante

Cor: vermelho

Flor: gerânio

Frase-chave: eu sou

Palavra-chave: atividade

Traços da personalidade: assertivo, agressivo, líder, dinâmico. Pioneiro, confiante, temerário, impaciente, enérgico, aventureiro, ousado, egoísta, orientado para a ação

Países regidos por Áries: Dinamarca, Inglaterra, Israel, Palestina, Alemanha

Coisas comuns regidas por Áries: lareira, chaminé, chapéu, fogão, forno, alho, faca, mostarda, cebola, pimenta, acne, ruibarbo, insônia, ferramentas, cacto, carneiros

O líder

O ariano sempre almeja ser o chefe, o dirigente, o comandante, aquele que ordena e idealiza, enquanto os outros obedecem e fazem as coisas; e tem razão para isso, pois sob o signo de Áries nascem as criaturas fadadas às grandes realizações e às grandes responsabilidades. Infelizmente, porém, raramente as criaturas captam a elevada e pura essência do fogo místico; recebendo, apenas, o seu ardor agressivo, inquietante e muitas vezes destruidor, que representa suas vibrações mais inferiores. Desse modo, os idealistas, os heróis, os dirigentes apaixonados e desinteressados são poucos, enquanto os turbulentos torcedores de futebol, os dispersivos criadores de negócios audaciosos, que fundam duas empresas por ano e não terminam nenhuma, os tipos rixentos, que gostam de exibir a musculatura, ou que vivem brigando na rua, no bar, no trabalho ou em casa, existem em número infinito.

Quem nasce neste signo dificilmente aceita uma posição subordinada ou inferior. Mesmo que pertença a um nível social dos mais modestos, o ariano quer sempre mandar em alguém. Quando não puder exercer seu desejo de domínio na rua ou no trabalho, será, em casa, um déspota em miniatura, mandando no cônjuge, nos filhos e nos parentes. Os tipos inferiores sentem-se frustrados quando não conseguem satisfazer sua vontade de dar ordens e comandar e são obrigados a submeter-se à vontade de um patrão ou render-se diante de um adversário mais forte: nesse caso, sua mágoa se transforma em rancor agressivo e descarregam sua cólera sobre os mais fracos que estiverem ao seu alcance.

O ariano, contudo, não precisa lutar por uma situação de destaque quando realmente tem capacidade para ocupá-la, isto é, quando recebe fortemente e de modo positivo as poderosas vibrações de seu signo. Os outros o reconhecerão como chefe e será acatado e respeitado. Dois bons exemplos de nativos de Áries que não precisaram bater na mulher ou brigar na rua para provar que eram líderes são Bismarck e Lênin. Eles ilustram bem a capacidade nata que o ariano tem para ocupar as mais altas posições de comando; ilustram, também, que os nativos de Áries costumam dominar mais pela força do que pela razão. Mesmo que consideremos Bismarck um excelente político e Lênin um brilhante intelectual, não podemos deixar de ver, por trás de ambos, a opressão brutal da guerra e da violência, características de Áries e de Marte, seu regente, o planeta do sangue e da dor.

A independência

A independência é um imperativo dominante nos nativos dos signos de fogo e de ar. No ariano essa tendência se manifesta de modo intenso e ele não gosta e não permite que ninguém intervenha em sua vida pública ou particular. Não admite conselhos, raramente aceita sugestões e prefere, geralmente, seguir seu próprio julgamento. É dotado, porém, da qualidade nobre de saber arcar com as conseqüências quando o seu julgamento falha; assim como não gosta de dividir os louros da vitória, também não costuma culpar ninguém por seus fracassos.

Aliás, os fracassos são bem comuns na vida dos arianos, não porque lhes falte inteligência ou capacidade, mas, simplesmente, porque se deixam levar por seu entusiasmo e não costumam amadurecer um plano ou estabelecer uma linha de ataque quando resolvem empreender qualquer coisa. Empurrados por seu temperamento ardente, lançam-se ao encalço de seu objetivo, desdenhando perigos e obstáculos, vendo apenas o ideal a atingir e desprezando as dificuldades do caminho a percorrer. A despeito, porém, de suas muitas derrotas conseguem, todavia, vitórias gigantescas e a Humanidade lhes deve muito. Eles abrem caminho para os tímidos e avançam quando os outros recuam. Correm para o ataque quando muitos preferem apenas defender-se. Alargam fronteiras geográficas, morais e sociais. Constroem pontes, erguem diques, levantam torres de petróleo e fazem explodir montanhas. Na guerra, na paz, na indústria, na política ou na ciência são sempre os pioneiros nas empresas mais arriscadas e os condutores nos momentos mais críticos. Amam tudo o que é arriscado e difícil e desdenham aquilo que não oferece o interesse da luta e da conquista, pois, para eles, tudo é concebido em termos de grandeza e executado sob iguais medidas.

O domínio do "eu"

Os nativos de Áries, homens ou mulheres, são muito auto-suficientes e, quase sempre, possuem um gênio belicoso e violento. Para provocá-los basta que alguém lhes diga uma palavra de censura ou que algo os impeça de realizar um desejo qualquer. Explodem, então, em violentos acessos de cólera e, enquanto sua raiva perdura, não adianta alguém apresentar-lhes fatos ou argumentos, pois se negam, peremptoriamente, a ouvir qualquer palavra de conciliação. Sua vaidade é facilmente ferida pela censura e seu egoísmo faz com que se revoltem contra qualquer forma de limitação. Quando reconhecem o seu erro, admitem o fato apenas para si mesmos. Não gostam de pedir desculpas e preferem fazer as pazes sem demonstrar arrependimento, desprezando o acontecido e encolerizando-se, novamente, quando alguém toca no assunto.

Geralmente, tem um elevado conceito do seu próprio *eu*. Só admitem o *nós* quando os outros aceitam a sua vontade e quase nunca dão importância ao *eles*. Este egocentrismo, naturalmente, manifesta-se com maior intensidade nos tipos inferiores; às vezes, porém, os mais elevados elementos deste signo têm a pretensão de ser o centro de um pequeno universo, ao redor do qual os demais, amigos, companheiros, familiares e subordinados, são obrigados a gravitar, como satélites obedientes.

A mulher de Áries

Todos os arianos têm a tendência de negligenciar ou mesmo desprezar os detalhes, esquecendo-se de que eles são de importância fundamental. A mulher nascida em Áries costuma exigir das empregadas uma casa exageradamente limpa, um chão impecável e vidros sem mácula; não se importando, porém, se dentro do armário, muito bem polido, os lençóis estão empilhados em desordem ou se o seu horário doméstico é completamente desorganizado, pois as suas resoluções obedecem, apenas, a impulsos de momento.

As arianas positivas, dentro de sua mentalidade mais panorâmica que detalhista, têm muita elegância. Elas possuem tendências modernistas e sabem criar, ao seu redor, um ambiente refinado, de um gosto muito seu, muito exclusivo, que poderá, talvez, parecer desagradável aos cancerianos, que gostam de antiguidades, aos sagitarianos, que exigem poltronas macias ou aos librianos, que têm um surpreendente senso estético.

A personalidade feminina, em Áries, geralmente se mostra bastante atrativa, por seu espírito independente e provocador. É preciso, porém, que as arianas dominem as características agressivas proporcionadas por este signo, porque poderão transformar-se em criaturas ásperas e masculinizadas, geniosas e autoritárias, pouco amadas pelo marido e pelos filhos.

A honestidade, a lealdade e a franqueza são atributos constantes nas arianas. Embora não gostem de demonstrar o seu carinho, sabem amar profundamente e são boas esposas e mães. Nenhuma influência feminina, proporcionada pela Lua ou por Vênus e nenhuma vibração de astro neutro, como Mercúrio, Urano e Netuno, existem dentro de Áries e, por isso, suas nativas são as mulheres mais enérgicas do zodíaco. Há, naturalmente, outras representantes do sexo frágil que nada têm de frágeis; as filhas de Capricórnio são silenciosamente indomáveis; as nativas de Escorpião são tão belicosas e independentes quanto as de Áries; as mulheres de Virgem são hábeis em urdir planos que põem em prática silenciosamente, como as capricornianas; as filhas de Aquário são insubordinadas, rebeldes e independentes. Todas elas, porém, escondem estas características e só as demonstram quando já se esgotaram seus femininos recursos de persuasão.

As mulheres de Áries dificilmente se conformam com sua condição feminina. Amostra notável deste signo é George Sand (Amandine Aurore Lucile Dudevant, *née* Dupin) que, vivendo numa época em que a feminilidade se constituía em montes de rendas e cetins, suspiros e desmaios, não hesitou em adotar um nome masculino, vestir roupas de homem, fumar, beber, escrever livros audaciosos e freqüentar casas noturnas, embora, para isso, não houvesse nenhuma distorção sexual, mas, apenas, uma atitude de revolta contra sua condição de mulher e o signo de Áries em seu ascendente.

O ataque direto

A linha reta e o ataque direto são o caminho e o sistema dos arianos. Francos, até mesmo rudes, não fazem rodeios ou usam subterfúgios quando querem dizer alguma coisa; abordam o assunto diretamente, sem suavizar o ataque com explicações prévias. Não sentem nenhuma inclinação para a diplomacia no falar e, quando se convencem de que estão com a razão, não se importam em ferir e magoar com suas palavras. Raramente dados à mentira, não falseiam a verdade nem mesmo para defender seus interesses. Quando desejam algo vão diretamente ao assunto ou ao alvo ambicionado, sem disfarçar suas intenções. Desprezam qualquer prática hipócrita e odeiam a dissimulação e o engano. Acima de tudo, repelem a intriga e são inimigos da traição. A franqueza no falar e no agir é sua qualidade típica e reagem violentamente quando alguém tenta envolvê-los em alguma manobra menos honesta.

Quando são ofendidos, castigam com severidade ou reagem de modo agressivo; no entanto, não guardam nenhum rancor, porque até mesmo a sua cólera é governada por impulsos. Não perdoam, porém, as ofensas dirigidas à sua moral ou à sua honra pois nesse ponto são intransigentes. Assim é que encontramos, no ariano, um adversário violento porém honesto, agressivo porém leal.

Os tipos inferiores deste signo têm uma noção de ética e de direito um tanto diferente da que é adotada pela maioria das pessoas. Espoliam, castigam, esmagam, dominam e não adianta convencê-los de que estão errados; acham que têm o direito de agir assim e nada consegue fazer com que pensem de modo diferente. Mesmo errando são honestos, pois suas atitudes são a expressão sincera de sua natureza e de seu temperamento.

Emoção e perigo

Os arianos vivem intensamente o minuto presente e saboreiam, por antecipação, a emoção do minuto que ainda se esconde na incógnita do futuro. Seu corpo e sua mente têm necessidade de ação e parecem estar sempre em busca de novas atividades, novos amores e novas aventuras. Nunca se escravizam à rotina e raramente são pontuais em seus encontros ou compromissos, a não ser que neles haja a promessa de algo excitante e diferente. Não gostam nem mesmo de manter horário certo para comer, dormir ou trabalhar. Detestando qualquer forma de sujeição, não se submetem nem mesmo ao jugo do tempo e suas atividades são controladas pelo interesse e não pelo relógio; é por isso que Saturno, o senhor do método, da cronologia, da cronometria e da exatidão matemática, encontra sua queda nesse signo indomável e inquieto.

A inclinação pelas viagens e pelas aventuras é muito forte neste setor zodiacal. Quase todo ariano gosta de caçar ou pescar e sente atração pelos lugares desconhecidos e cheios de perigos. Essa inclinação também se manifesta em sua vida diária e em seu trabalho e ele dá preferência às empresas difíceis ou às façanhas arriscadas, jamais se dedicando, por sua própria vontade, a uma ocupação rotineira e tranqüila. Até no amor ele procura a emoção e a variedade, e seus casos afetivos são, quase sempre, determinados pelo interesse da aventura, sendo muito diminuta a dose de paixão.

Na arte os arianos sentem maior inclinação para a escultura, a pintura ou os trabalhos a fogo, como a cerâmica e a pirogravura. Nos esportes preferem aqueles que exigem coragem, agilidade, força bruta e raciocínio rápido, como a esgrima, o boxe, o hipismo, a luta livre, etc.; onde ao lado da competição existe, também, o perigo.

Consciente de sua força, o nativo de Áries sente o instintivo desejo de proteger os mais fracos. Em defesa de alguém, é capaz de arriscar, sem temor, sua vida, sua fortuna e sua carreira, como fez Émile Zola, genial nativo de Áries, que não hesitou em jogar uma cartada decisiva quando resolveu salvar o inocente Dreyfus. Movido por um irresistível e generoso impulso, Zola colocou toda a força de sua inteligência na empresa que resultou ser a maior batalha jurídica de todos os tempos. O caso Dreyfus assinalou Zola como um dos mais autênticos arianos, pois ele conseguiu aquilo que aos outros parecia impossível e abriu precedentes, encorajando outros defensores a corrigir injustiças seme-lhantes. Realizou, enfim, um trabalho só possível de ser efetuado por um nativo de Áries.

Inquietude

Uma debilidade quase sempre presente nos que nascem sob o signo de Áries é a inquietude. Apesar da sua ativi-dade e energia e da sua natureza dinâmica e entusiasta, os arianos geralmente são inconstantes em seus esfor-ços e dispersivos em seu interesse. Nos tipos superiores essa característica se mostra consideravelmente dimi-nuída e certos aspectos planetários favoráveis, no mo-mento natal, também podem trazer maior estabilidade íntima e mais firmeza nas atitudes.

No comum dos casos, porém, os arianos começam as empresas com o entusiasmo de uma fogueira atea-da num monte de palha: à medida que a chama vai se extinguindo, seu ardor vai diminuindo proporcional-mente. Na maioria dos casos só terminam seus projetos quando eles trazem lucro imediato, quando estão sob pressão ou dificuldade financeira ou, ainda, quando o empreendimento lhes traz grande prestígio pessoal; caso contrário, logo nas primeiras voltas do caminho já vão perdendo o primitivo ardor. Se, porventura, ainda insistem por algum tempo não é pelo real desejo de terminar a obra encetada e, sim, porque lhes custa admitir a derrota.

O ariano, em virtude dos intensos impulsos vibratórios do seu signo, dificilmente se recolhe para meditar ou para se concentrar em algum problema. Seu temperamento exige movimento e ação e o faz detestar o silêncio, a tranqüilidade e a solidão. Sente-se melhor na rua do que em casa, onde a rotina doméstica o enche de tédio. Vive na busca incessante de emoções e sensações fortes. Gosta de ruídos, luzes violentas, aglomerações de povo, multidões ruidosas e todos os demais elementos que existem nas ruas das inquietas cidades grandes.

Sua capacidade de concentração é muito pequena e devem procurar desenvolvê-la a todo custo. Possuem uma inteligência mais panorâmica do que detalhista, conforme já dissemos, e seus processos mentais impressionam pelo brilho mas não têm profundidade. Suas aptidões são inúmeras, mas não procuram se especializar em nenhuma delas. São como tochas ardentes, iluminando um deserto por onde ninguém passa para aproveitar sua luz, o que é uma lástima porque, se o desejarem, poderão concretizar suas mais altas aspirações sem nenhuma dificuldade.

Síntese

O signo do Carneiro tem dupla importância: é o setor zodiacal que abre cada ciclo de renovação ou renascimento, a 21 de março de cada ano; é o signo que tem um simbolismo místico estreitamente ligado à criação, à evolução e ao sacrifício final, seja pelo animal que lhe serve de selo, seja por sua condição de signo de fogo, que representa o Espírito. A cor dominante de Áries e de seu regente, Marte, é o vermelho; para mais justificar a comparação do ariano com o homem recém-criado, que tem o mundo à sua frente para conquistar: basta lembrar que *vermelho*, em hebraico, traduz-se por *Adão*.

Os arianos que ainda não alcançaram um grau maior de elevação dificilmente aproveitam a maravilhosa essência desse setor zodiacal. Do fogo místico que arde em Áries eles recolhem, apenas, o sopro abrasador que às vezes mais destrói do que vivifica. Às vezes nunca chega a dar um sentido objetivo à sua vida e, no entanto, é um dos tipos astrológicos mais capacitados. De idéia em idéia, de impulso em impulso, o ariano superior poderá encarregar-se de guiar a humanidade em seu longo caminho, desde que saiba aproveitar o imenso potencial energético, vitalizante, magnético e realizador contido no signo de Áries.

O DESTINO

Antes mesmo do seu nascimento, o homem já começa a se integrar no concerto cósmico universal. Seus primeiros sete meses, três na condição embrionária e quatro na condição fetal, são as sete etapas formativas, no fim das quais está apto para nascer e sobreviver. Os dois últimos meses são dispensáveis, mas a Natureza, mãe amorosa, os exige e só os dispensa em casos extremos, pois a criaturinha que vai nascer necessita fortalecer-se e preparar-se para a grande luta que irá se iniciar no momento em que ela aspirar o primeiro hausto de ar vivificante.

Durante os nove meses de permanência no útero materno, de nove a dez signos evoluem no zodíaco solar. De modo indireto, suas induções são registradas pelo sensível receptor que é o indivíduo que repousa, submerso na água cálida que enche a placenta. É por essa razão que observamos, em tantas pessoas, detalhes de comportamento que não correspondem às determinações do seu signo natal: isto indica que elas possuem uma mente plástica e sensível e que estão aptas para se dedicar a múltiplas atividades.

Ao nascer, a criatura recebe a marca das estrelas que dominarão o seu céu astrológico e que determinarão seu caráter, seu temperamento e seu tipo físico, além de dar-lhe um roteiro básico de vida. As vibrações percebidas durante a permanência no útero, por uma sutil química cósmica, são filtradas e quase que totalmente adaptadas às irradiações das estrelas dominantes. As influências familiares e a posição social ou financeira nunca modificarão o indivíduo; apenas poderão facilitar ou restringir os meios que ele terá para objetivar sua personalidade e realizar, de modo positivo ou negativo, as induções do seu signo natal. Alguém, portanto, nascido entre 21 de março e 20 de abril, que provenha de família de princípios rígidos ou de moral relaxada, será criado com amor ou será desdenhado pelos seus, que venha à luz numa suntuosa maternidade ou do canto de um sujo casebre, será sempre um ariano e terá o destino que Áries promete a seus filhos. Este destino será brilhante ou apagado, benéfico ou maléfico, de acordo com a qualidade e o grau de evolução de cada um.

Evolução material

Ao estudar o temperamento e caráter do ariano, homem ou mulher, verificamos que ele é impulsivo, ardente, apaixonado, irrefletido e audacioso. Suas explosões de cólera são violentas, mas passageiras. Não guarda rancor, é quase infantil no modo como esquece as brigas, agindo como se nada tivesse acontecido. O egoísmo, a falta de afeto, o orgulho, a vaidade e o despotismo são suas principais fraquezas; o idealismo, a coragem, a sinceridade, a retidão e a franqueza são suas grandes qualidades.

Áries é considerado um signo mudo, isto é, não proporciona o dom da eloqüência, é o oposto dos signos de voz, que são Gêmeos, Libra, Sagitário e Aquário, cujos nativos tudo sabem dizer com o maior brilho e acerto. Naturalmente, há brilhantes exceções, mas os arianos, geralmente, convencem mais por seu magnetismo pessoal do que por suas habilidades oratórias. Por seu pouco tato na escolha das palavras, freqüentemente ferem ou ofendem, mesmo sem intenção. Protegem mas não acariciam e seus gestos nunca são suaves. Desconhecem a diplomacia, a hipocrisia, o meio-termo, a moderação e a cautela. Os tipos evoluídos são os dínamos que movem a Humanidade, os paladinos das causas justas e os conquistadores do destino; os tipos inferiores são os briguentos, os rixentos, os brutamontes que tudo resolvem a poder da força porque lhes falta a palavra para convencer.

Na juventude mais se acentuam suas tendências naturais. Este é, quase sempre, o período crítico e perigoso, onde podem queimar-se em seu ardente entusiasmo ou brutalizar-se, alimentando a violência e a agressividade. Na idade viril tornam-se mais prudentes e moderados mas começam a se inclinar para as extravagâncias no comer, amar ou beber. A vida, que no princípio se apresentara como louca perseguição às emoções e aventuras, torna-se, então, emocionante caçada ao dinheiro, aos prazeres, às sensações e ao poder. Na idade madura os desejos se amortecem, cresce a prudência e nasce a sabedoria. Aí, então, os arianos geralmente se inclinam para os estudos profundos e extraem valiosos ensinamentos de todos os fatos acontecidos em sua vida. Às vezes, porém, morrem como nasceram, fachos brilhantes e inúteis, mais destrutivos do que construtivos.

Família

O destino dos arianos não promete uma infância muito feliz ou muito agradável. Sua natureza apaixonada não será muito bem compreendida pelos pais que, em geral, serão conservadores ou rotineiros. Os progenitores dos arianos terão características bem distintas; um será sensível, emotivo, crédulo, místico, bastante timorato e muito apegado ao lar e aos filhos; o outro será retraído, pouco sociável, de temperamento um tanto reservado e frio e será a força maior dentro da família. Existe a possibilidade de que não haja muita harmonia no lar paterno ou que um dos genitores sofra algum defeito físico que limite sua capacidade de trabalho.

Por seu temperamento rebelde e por seu amor à independência, o ariano poderá separar-se da família muito cedo, a fim de satisfazer seu anseio de liberdade e sua sede de emoções. Mesmo que viva com seus progenitores, dificilmente se subordinará à vida metódica e rotineira do lar. Também poderá ser forçado a ganhar a vida desde cedo e a cuidar de si mesmo, por morte de um dos pais ou por um deles abandonar a família.

Os nativos de Áries nunca darão muita importância a seus parentes de sangue, ajudando-os quando necessitarem mas evitando uma convivência maior. Manterão ligações mais íntimas apenas com seus pais e irmãos. Estes são inteligentes mas não existirá muita harmonia entre eles e os arianos. Poderão ser inclinados aos estudos, ou às artes, onde se distinguirão mas, também, poderão preferir as más companhias e viver na ociosidade, o que causará aborrecimentos aos nativos deste signo.

Amor

Os arianos não se casam muito cedo; amam sobremodo a liberdade e hesitam muito antes de amarrar-se a um compromisso. Se não encontrarem felicidade no amor a culpa será mais sua do que da pessoa amada. Os tipos positivos e evoluídos poderão ter uma vida matrimonial muito feliz, pois o cônjuge será afetivo, amoroso, inteligente e sensível.

As tendências inquietas e volúveis do signo do Carneiro poderão conduzir seus nativos a muitas aventuras com o sexo oposto; nesse caso, serão mais impelidos por sua sede de emoções novas do que por amor. Estas aventuras chegarão ao conhecimento do cônjuge e isto será causa de muitas brigas e, até mesmo, separação. Esse signo também pode determinar afastamento do lar, mesmo que a vida seja harmônica; esse afastamento será causado por viagens de negócios, confinamento ou prisão, por motivos políticos ou financeiros ou, ainda, pela irreprimível ânsia de novidades que, freqüentemente, faz com que os arianos deixem sua cidade e sua família e partam para lugares distantes.

Por seu temperamento exigente e dominador, estão sujeitos a uma vida amorosa cheia de tropeços. Como não são muito cálidos em seu afeto, não saberão criar e manter uma atmosfera doméstica feita de paz e carinho e isto poderá causar mágoas e ressentimentos, havendo possibilidade de mais de uma união desfeita.

Filhos

Áries é um signo que não promete muitos filhos, pois sua natureza é estéril; o maior ou menor número deles depende do céu astrológico natal do cônjuge. Os filhos que porventura nascerem serão joviais, inteligentes, atraentes e magnéticos. Possuirão extrema sensibilidade e poderão sofrer muito com a instabilidade doméstica devendo, os arianos, criar, em seu lar, um ambiente favorável e carinhoso, para que eles cresçam felizes.

Os descendentes dos nativos deste signo serão criaturas altamente emotivas sendo que uma delas poderá destacar-se, extraordinariamente, por seus dotes artísticos ou, ainda, alcançar elevada posição social ou financeira. Poderão desenvolver grandes qualidades ou grandes defeitos e os arianos devem orientá-los cuidadosamente, pois serão criaturas de grande valor espiritual e moral, possuindo excepcionais dotes de inteligência.

As mulheres de Áries devem cuidar-se muito, depois do parto, pois estão sujeitas a febres violentas e infecções súbitas. Correm, também, o risco de partos difíceis ou demorados, mas não há indícios de conseqüências mais graves e seus filhos serão fortes e resistentes.

Vida social

A posição social dos nativos deste signo será construída à custa de muito esforço e sacrifício. Por sua personalidade poderosa, sempre conseguirão erguer-se acima do meio em que nasceram. Por suas próprias fraquezas, poderão sofrer quedas desastrosas, existindo o perigo de que sua conduta irrefletida e audaciosa os faça perder muito do que conseguiram. Poderão alcançar altas posições na carreira militar, na arte, na política ou na indústria. O destino lhes promete fama e prestígio e lhes confere capacidade para ocupar qualquer cargo, por mais importante ou elevado que seja. Possuem capacidade de liderança, qualidades enérgicas e inteligência brilhante. Falta-lhes, porém, a prudência, o tato, a habilidade no falar e lidar com outras pessoas: isto virá a prejudicar sua posição social, fazendo com que muitas portas se fechem e muitas amizades úteis e valiosas se desfaçam.

Prisões, intrigas, perturbações domésticas, casos amorosos e inimigos ocultos são fatores que muito poderão contribuir para abalar o prestígio e o bom-nome aos arianos. Documentos, cartas, negócios ou associações comerciais feitos com elementos pouco escrupulosos também poderão trazer aborrecimentos. Os filhos de Áries devem, sobretudo, evitar envolver-se em processos legais; pois estes serão sempre nocivos à sua reputação.

Não faltarão oportunidades para que se destaquem e devem saber aproveitá-las ao máximo. É bom não esquecer que sempre sofrerão as conseqüências de seus próprios erros. Devem, portanto, cultivar a prudência, a reflexão, a cautela e a moderação no falar e no agir, a fim de que melhor possam aproveitar os brilhantes momentos que as estrelas de Áries oferecem.

Finanças

Já dissemos que o ariano, assim como o carneiro que serve de símbolo a este signo, tem o costume de arremeter cegamente contra o alvo, pouco se importando com as conseqüências; sem refletir se o prejuízo poderá ser maior do que o lucro. O nativo de Áries age assim em todos os atos de sua vida, inclusive nos negócios e, por isso, suas finanças serão sempre desordenadas e instáveis, às vezes muito prósperas, outras vezes bastante precárias.

As casas e propriedades, principalmente no campo, trarão bastante lucro e prazer, mas os arianos estão sujeitos a perdê-las por descuidos legais, imprevidência ou atraso nos pagamentos; atraso este conseqüente de suas finanças desordenadas e instáveis. A indústria poderá trazer-lhes fortuna, principalmente no que se relaciona com forjas, fundições, ferro e fogo. Também poderão adquirir prestígio e riqueza em qualquer das atividades dominadas por Áries e seu regente, Marte, profissões estas que mais adiante assinalaremos detalhadamente. Em qualquer empreendimento onde empenhem sua vontade e sua energia o êxito será certo, desde que tenham a constância necessária para levá-lo até o fim.

A previdência não é muito comum nos nativos deste signo. Os arianos não hesitam em empregar seu dinheiro nas empresas mais audaciosas, sem deixar um lastro de reserva, às vezes nem se preocupando em prover as necessidades da família. Se, porventura, alguém lhes propõe um negócio novo e ousado, estão sempre prontos a arriscar nele o seu último centavo, antes mesmo de tratar dos planos de trabalho, pesquisar se o negócio é realmente válido e investigar os papéis e documentos necessários. Em verdade, essa atitude parece arriscada, perigosa e infantil, até; mas é graças ao ariano que muitas coisas, aparentemente impossíveis, têm sido realizadas. Quando ele acerta, o faz de modo brilhante, abrindo caminho para os mais tímidos e trazendo benefícios a todos.

O jogo não é muito favorável aos arianos. Podem ganhar ocasionalmente, mas estão fadados a perder grandes somas. Também os assuntos artísticos ou alguns problemas com o sexo oposto poderão trazer sérios prejuízos financeiros. Devem evitar, como já dissemos, as demandas judiciais e todos os problemas que tenham de ser resolvidos em tribunais, pois os resultados quase sempre serão desfavoráveis ou, então, trarão um equilíbrio entre lucros e perdas. Algumas questões com auxiliares subalternos, associados ou empregados domésticos, não só poderão ocasionar aborrecimentos como, também, resultarão em perda de dinheiro. Há, ainda, risco de perda ou confisco de bens, por motivos militares ou políticos.

Os maiores prejuízos, porém, quer no setor moral, como no doméstico ou financeiro, advirão, sempre, de seu temperamento violento e pouco prudente. É necessário ter cautela com associações comerciais ou casos amorosos com pessoas nascidas sob o signo de Gêmeos (21 de maio a 20 de junho) ou em Virgem (23 de agosto a 22 de setembro). Os nativos destes dois signos poderão causar pesadas perdas aos arianos, pois ambos estão sob a influência do hábil e malicioso Mercúrio, que é hostil a Áries e ao seu senhor, Marte.

Saúde

Os arianos, geralmente, têm um corpo sadio, de linhas atléticas e musculosas e seu tronco é, proporcionalmente, maior do que os membros. A influência dominante de Saturno, no momento do nascimento, faz tender à magreza excessiva e os raios muito fortes do Sol podem encher mais o corpo; quase sempre, não obstante, a carnação dos arianos e sólida, dificilmente tendendo à gordura ou à flacidez.

A vitalidade induzida por este signo é imensa e seus nativos são fortes e resistentes, possuindo imenso poder recuperativo. Estão sujeitos às queimaduras, inflamações e febres altas, mas, assim como a evolução da doença é rápida, a cura também se processa em tempo breve.

Devem cuidar-se bastante, pois são vulneráveis a cortes, ferimentos, picadas de cobras e de insetos, sendo que qualquer destes cortes ou ferimentos poderá inflamar-se e causar grande amolação. A cura é sempre rápida, mas um deles poderá dar muito trabalho e preocupação, além de deixar cicatrizes; aliás, a cicatriz, principalmente no rosto, é a marca de quase todos os que nascem em Áries.

Este signo e seu regente, Marte, dominam sobre a cabeça, o cérebro, o aparelho auditivo esquerdo e os olhos: todas estas partes estão sujeitas a machucaduras, contusões e afecções tais como febres cerebrais, surdez, cegueira, inflamações, etc. Também a bílis, os glóbulos vermelhos do sangue, o sistema muscular e o aparelho genital masculino estão sob o domínio de Marte e podem, igualmente, causar sofrimentos aos arianos, quando existem aspectos desfavoráveis em seu céu astrológico natal.

Os nativos de Áries podem ser afetados por dor de dente, sinusites, nevralgias, enxaquecas e todas as perturbações dolorosas localizadas na cabeça. As mulheres deste signo, em seu período menstrual, sofrerão muito com essas enxaquecas e dores de cabeça. Devido ao seu temperamento apaixonado e ao seu intenso modo de viver, os homens e mulheres deste signo poderão encurtar sua existência; por natureza agressiva e às vezes muito rude, estão sujeitos a um fim repentino e desagradável, sendo aconselhável moderar todos os excessos, inclusive as explosões temperamentais. O signo de Áries, como os demais signos do zodíaco, promete longa vida e muita saúde; depende do ariano saber viver.

Amigos

Entre seus amigos, os arianos poderão contar com elementos não-convencionais e excêntricos, amantes das pesquisas ocultas ou adeptos de seitas ou religiões estranhas. Alguns poderão dedicar-se à televisão, rádio, aeronáutica, astronáutica e demais setores avançados da técnica moderna, enquanto outros poderão ser artistas, políticos, filósofos ou cientistas. Quase todos, porém, a par da inteligência, serão originais, diferentes e de personalidade forte. Por influência de alguns deles, os nativos deste signo poderão ver-se envolvidos em questões políticas ou escândalos amorosos, que prejudicarão sua posição e fortuna.

Apesar de suas tendências independentes e rebeldes, o ariano jamais poderá viver sem companhia fraterna e, muitas vezes, sentir-se-á melhor entre seus companheiros do que no convívio dos familiares. Apesar de proporcionar um amplo círculo de relações, este signo não promete muitos amigos íntimos. Os arianos, por outro lado, não saberão cultivar ou conservar suas amizades por muito tempo, mas os poucos camaradas que a eles ficarem ligados serão úteis, agradáveis, sinceros e trarão muito prazer e alegria.

As amizades estabelecidas com o sexo oposto serão mais prejudiciais do que úteis e poderão trazer aborrecimentos e complicações, sociais ou legais.

Inimigos

Os inimigos dos nativos de Áries nunca serão adversários francos e leais; agirão às ocultas, de modo traiçoeiro e sempre atacarão pelas costas, sendo a intriga e a fraude as armas mais usadas. Os arianos nunca lhes darão muita importância, o que será uma tática errada, pois eles se mostrarão intensamente maléficos.

Por seu temperamento, todos os que nascem neste signo fazem inimigos com muita facilidade. Orgulhosos e confiantes, os arianos desprezarão seus adversários e assim darão oportunidade para que eles, ocultos nas sombras, possam feri-los pelas costas.

Empregados ou subalternos serão os piores inimigos, pois conhecendo pormenores da vida íntima dos arianos, deles se aproveitarão para atingi-los em sua honra e reputação. Devem, pois, os nativos de Áries, vigiar seus adversários e nunca proporcionar-lhes armas e oportunidade para seus ataques. Devem precaver-se, também, contra os falsos amigos, que serão os seus piores e mais destrutivos opositores.

Viagens

Os passeios e deslocamentos serão freqüentes na vida dos arianos e trarão alegria e prazer. Este signo promete, também, muitas viagens, algumas delas bem longas; elas poderão ser por terra, mar ou ar e serão motivadas tanto por negócios como por prazer.

Vivemos em uma época em que as explorações e caçadas em terras distantes e inóspitas são coisas que mais parecem pertencer a filmes ou romances. Essas aventuras, porém, são perfeitamente viáveis na vida dos arianos, que podem visitar países remotos e estranhos, seja em busca de divertimentos e emoções, seja por motivo científico ou comercial.

Aventuras com o sexo oposto podem acontecer nessas viagens; nelas, ainda, os arianos terão oportunidade de travar novos e valiosos conhecimentos que, com o tempo, serão de grande utilidade.

Fora do lar, durante um desses deslocamentos poderão sofrer acidentes, ferimentos ou quedas. Poderão, também, sofrer picadas de insetos ou de cobras ou, então, contrair febres malignas. Devem, sobretudo, ter cuidado com os acidentes automobilísticos. Audaciosos em tudo que fazem, não serão motoristas muito prudentes e poderão sofrer graves desastres. Igualmente, os grandes animais como cavalos, bois, etc., poderão ser causa de ferimentos durante uma viagem ou passeio.

Profissões

Dando inteligência, audácia e sangue-frio aos seus nativos, Áries abre-lhes as portas para inúmeras profissões e os inclina a várias atividades, muitas delas de grande importância.

Tanto na escolha de sua carreira, como nos grandes ou pequenos atos de sua vida, os arianos podem ser classificados em dois tipos: o mental e o material. Nos caminhos próprios do tipo mental, estão todas as atividades que trazem fortuna e prestígio e que dão oportunidade para que ele se realize; e o tipo mental só se realizará empregando sua inteligência e energia na ciência, na indústria, na política, nas artes, nas armas ou nas letras, em qualquer atividade, enfim, que exija a participação do intelecto associada à sua vontade ardente e à sua indomável coragem. Os caminhos do tipo material são todos aqueles que trarão satisfação à necessidade que os arianos têm de usar a força de seu braço ou da Lei, que lhes dá o prazer de martelar, cortar, coagir, provocar dor, ver sangue, ouvir ruídos e lidar com metais e armas de fogo ou de aço.

Há muitas coisas, portanto, que os arianos podem fazer com êxito, tanto por influência de Áries como de Marte. Se quiserem destacar-se na carreira militar, seguramente galgarão altos postos. Também os cargos públicos e políticos oferecerão brilhantes oportunidades, mas exigirão prudência no falar e no agir; caso contrário, trarão maiores aborrecimentos do que alegrias. Excluindo-se a psicanálise e a psiquiatria, pois os misteriosos labirintos da mente humana não lhes interessam muito, os arianos poderão distinguir-se na medicina, em qualquer de suas especializações, principalmente na cirurgia, pois manifestam excepcional calma nos momentos graves, têm bastante insensibilidade à dor alheia e inteligência apta para tomar decisões rápidas.

Poderão ter imenso sucesso na indústria e na engenharia civil ou militar, principalmente na construção de grandes pontes, grandes edifícios, represas ou açudes, postos de prospecção de petróleo, estradas de ferro ou de rodagem, enfim, tudo o que exija o concurso de máquinas poderosas e o trabalho de muitos operários.

Muitas profissões mais modestas, e algumas pouco agradáveis, também estão sob o domínio de Áries e de seu regente. Os arianos poderão ser açougueiros ou trabalhar em matadouros ou curtumes. Teremos oportunidade de vê-los nos circos, como engolidores de espadas, atiradores de facas, manipuladores de fogo e domadores de feras. Tanto poderão exercer suas atividades em estaleiros, construindo navios, como podem estar dentro deles, manejando canhões ou máquinas e serão, ainda, encontrados nos tribunais, nos departamentos de polícia e nas prisões e hospitais, como delegados, investigadores, juízes, carcereiros, criminosos, médicos ou enfermeiros.

Quando se inclinam para a arte ou para qualquer espécie de trabalho intelectual ou literário, obtêm muito sucesso, pois suas produções serão muito vigorosas, realistas, simples em suas linhas e sintéticas em seu conteúdo.

Em qualquer atividade, porém, sempre terão necessidade de movimento, companhia e excitação; é raro, portanto, o ariano que suporte o trabalho metódico num escritório, o labor silencioso num laboratório ou a tarefa escravizante de cuidar da terra. Onde ele está melhor é nas fábricas, fundições, indústrias metalúrgicas, oficinas mecânicas, empresas de grande movimento, quartéis, prisões, campos de esporte, etc.

Síntese

Como primeira Casa zodiacal, o signo de Áries simboliza o indivíduo que tem diante de si um longo e fascinante caminho a percorrer e que possui todas as armas necessárias para superar qualquer dificuldade e dominar qualquer situação. Dotado da maravilhosa juventude espiritual do homem recém-criado, o ariano vê o mundo como um campo de conquista e carrega consigo a maravilhosa chama da fé, da confiança, da coragem e do idealismo.

Como qualquer jovem, porém, é imprudente, inconstante, irrefletido, faltando-lhe unir as qualidades de pensador às de guerreiro. Alguns arianos conservam uma ardente e impetuosa imaturidade espiritual, ao passo que outros, à medida que os anos vão passando, absorvem as influências dos dois outros signos de fogo — Leão e Sagitário; purificam essas influências na mística flama de Áries, identificam-nas com sua própria personalidade e, desse modo, estão prontos para realizar as maiores obras, tanto em proveito próprio como em benefício de seus semelhantes.

A CRIANÇA DE ÁRIES

As crianças são plásticas e absorventes. Como não têm personalidade formada, retratam quase todas as debilidades e qualidades existentes nos nove ou dez signos do zodíaco que evoluíram durante o período de sua vida uterina. As tendências proporcionadas por seu signo natal, porém, são sempre as mais fortes e, com o passar do tempo, acabam transformando ou absorvendo as outras.

Orientar a personalidade de uma criança nascida em Áries é tarefa complexa, e seus pais precisam empregar muito tato e habilidade para que ela não tenha a impressão de estar sendo dominada ou coagida.

Os pequeninos arianos demonstram, muito cedo, os impulsos de independência e insubordinação, próprios do Carneiro. São crianças levadas, que gostam de martelar, bater e quebrar e que, devido à sua inclinação aventuresca e arrojada, andam sempre com um esparadrapo ou atadura em alguma parte do corpo, especialmente na cabeça e no rosto, que são partes governadas por Áries.

São crianças turbulentas, desobedientes, despóticas e exigem sempre a atenção de todas as pessoas que as cercam. É difícil mantê-las na cama quando estão adoentadas e detestam tomar remédios. Gostam de quebrar brinquedos, seus e dos outros, para "ver o que tem dentro". Sofrendo alternativas de egoísmo e generosidade, às vezes não permitem que seus companheiros toquem no que lhes pertence e outras vezes dão tudo o que é seu. São sensíveis às críticas e magoam-se extraordinariamente quando alguém ri de suas tolices ou quando são castigados diante de seus amiguinhos ou de estranhos; revoltam-se, então; e repetem a falta para mostrar que não temem o castigo.

Os pequenos arianos são, quase sempre, os autores intelectuais e os líderes das brigas e aventuras. Sentem necessidade de afirmar sua personalidade, mandando nos amigos, e de demonstrar sua coragem, realizando proezas difíceis; isso contribui para os seus tombos, contusões e quebraduras. Gostam de subir em árvores, escadas ou muros, fazer explorações no telhado, brigar na rua ou andar em bicicletas maiores do que suas pernas, apenas para provar que não temem perigos e dificuldades e que são mais corajosos do que os outros. Freqüentemente mostram-se mais insubordinados diante de estranhos do que quando a sós com seus familiares.

É difícil mantê-los fechados em casa e adoram sair para a rua. É também tarefa penosa mantê-los sentados diante de um livro ou de um caderno e seus pais devem fazer com que encarem o estudo sempre com interesse; o mais fácil é explorar sua vaidade e incutir-lhes a idéia de que é mais importante a criatura que vence pela inteligência do que aquela que vence pela força.

As meninas de Áries possuem, de forma mais moderada, as mesmas tendências que os meninos e sua educação deve ser objeto de extremos cuidados; sendo mal orientadas, elas podem crescer encarando sua condição feminina como um obstáculo ou uma deficiência. E é no período da infância que se deve desenvolver na menina ariana a delicadeza feminina, pois se ela for deixada à vontade, crescerá como um moleque travesso.

Não se deve tolher o ardor impulsivo e a corajosa iniciativa dos pequeninos arianos. É necessário, todavia, desviar essas características para objetivos mais úteis, proporcionar-lhes uma vida bem esportiva e ensiná-los a respeitar horários e regras. Deve-se, sobretudo, escolher brinquedos e distrações que possam desenvolver sua inteligência e encaminhar suas emoções num sentido humanístico e fraterno, evitando tudo o que possa estimular seu egoísmo e sua vontade de dominar e destruir. Tratá-los, sobretudo, com muito amor, pois os pequenos arianos, a despeito de suas travessuras, gostam muito de ser amados.

O TRIÂNGULO DE FOGO

O elemento fogo manifesta-se em três signos: ÁRIES — LEÃO — SAGITÁRIO. Sua polaridade é masculina, sua vibração é irradiante, poderosa, dinâmica e energética. Sua essência, naturalmente, é única, mas em cada um desses três signos ela sofre grandes modificações, de acordo com as seguintes influências:

- situação zodiacal do signo, como Casa *angular, sucedente* ou *cadente,* na qual se manifestará como o agente que impulsiona, que realiza ou que aplica;
- sua correspondência com as leis cósmicas de equilíbrio, em conformidade com as três modalidades de ritmo: *impulso, estabilidade* e *mutabilidade.*

De acordo com a vibração própria de cada signo, é fácil saber se o nativo irá viver e agir norteado por suas emoções, por suas sensações ou por seu raciocínio. Isto nos é revelado pela palavra-chave de cada signo. Na triplicidade de fogo, as palavras-chave são as seguintes: Áries: ATIVIDADE — Leão: GENEROSIDADE — Sagitário: INTELECTUALIDADE. Unindo-se essas palavras às determinações proporcionadas pela colocação do signo dentro do zodíaco e por sua modalidade rítmica, podemos, então, definir, de modo mais completo, o triângulo de fogo.

Áries	{ Ação / Sensação / Impulso	Atividade
Leão	{ Realização / Emoção / Estabilidade	Generosidade
Sagitário	{ Aplicação / Razão / Mutabilidade	Intelectualidade

O fogo, como é o elemento comum a esses três signos, liga-os intimamente e o ariano, além da influência de Áries e de seu regente, Marte, recebe, também, as vibrações de Leão e Sagitário e de seus respectivos senhores, o Sol e Júpiter. Os nativos de Áries recebem, então, as irradiações desses signos e planetas de acordo com a data do seu nascimento. Marte domina sobre todo o signo do Carneiro, mas tem força especial durante os primeiros dez dias dos trinta correspondentes a Áries; o Sol tem influência participante nos dez dias seguintes, e Júpiter colabora na regência dos dez dias finais. Dessa forma os arianos se dividem em três tipos distintos, que são os seguintes:

TIPO ARIANO–MARCIANO
nascido entre 21 e 30 de março

TIPO ARIANO–SOLAR
nascido entre 31 de março e 9 de abril

TIPO ARIANO–JUPITERIANO
nascido entre 10 e 20 de abril

Em todos os dias que integram o período que vai de 21 de março a 20 de abril, a influência do fogo é extremamente poderosa. Durante esse período, Áries é a constelação que se levanta com o Sol, ao amanhecer; oito horas mais tarde Leão surge no horizonte e decorrido igual espaço de tempo chega a vez do intelectual Sagitário. Dividindo-se, então, o dia em três períodos iguais, vemos que os três tipos arianos se transformam em nove, mediante a combinação da hora e da data do nascimento. Estudando esses nove tipos, ou nove faces de Áries, poderemos interpretar, com mais acerto, a dinâmica e impetuosa personalidade dos arianos.

AS NOVE FACES DE ÁRIES

Tipo Ariano–Marciano

Data de nascimento: entre 21 e 30 de março

Qualidades: coragem, combatividade, audácia
Vícios: cólera, inconstância, brutalidade

Hora natal: entre 6h e 13h59m

Neste período as induções positivas ou negativas do Carneiro manifestam-se de maneira muito intensa. A audácia, a combatividade, a energia física e mental, são características dominantes. Acentua-se, de modo irresistível, o desejo de independência, a agressividade e o instinto de dominar. O ariano sente a incontrolável necessidade de tudo conquistar e subjugar à sua vontade. Exige a pronta satisfação de suas preferências pessoais e desconhece a paciência, a tolerância e a prudência.

Os indivíduos nascidos neste período e nesta data possuem inteligência brilhante e grandes qualidades morais, mas seu gênio é violento e explodem à menor provocação. Desdenham conselhos e gostam de agir por sua própria conta e risco; mesmo cultivando seus dotes de inteligência dificilmente conseguem realizar grandes obras, pois sua inconstância e agressividade são fatores que muito o prejudicam.

Hora natal: entre 14h e 21h59m

Esta face de Áries é mais moderada que a anterior, embora os mesmos defeitos e qualidades lhe possam ser atribuídos. Não obstante, este período carrega consigo uma vibração estável, dando maior firmeza aos seus nativos.

Os arianos que nascem neste momento cósmico possuem o mesmo ímpeto, a mesma coragem, o mesmo apaixonado desejo de ação e movimento que caracteriza o signo de Áries. Demonstram, porém, maior constância em seus atos, o que lhes permitirá realizar todas as coisas que sua imaginação criadora e audaciosa possa conceber. Os nativos deste período e desta hora têm uma natureza mais amável, generosa e liberal. Os tipos negativos são vaidosos, despóticos e orgulhosos ao extremo; dominadores e intransigentes, exigem a obediência de todos, mas não se submetem a ninguém.

Hora natal: entre 22h e 5h59m

Os arianos aqui nascidos recebem um pouco da capacidade de ordenar, classificar e legislar que é proporcionada pelo signo de Sagitário. Naturalmente aptos para exercer posições de comando, têm inúmeras probabilidades de êxito, pois sabem usar tanto a força quanto o cérebro. Sua natureza é a típica de Áries, isto é, independente e agressiva; eles sabem, todavia, agir com mais amabilidade e são bastante razoáveis desde que não se tente obrigá-los a fazer aquilo que não desejam. Têm maior respeito às leis, humanas ou divinas e, embora dominadores e autoritários, sabem agir com maior imparcialidade.

Essa posição cósmica, portanto, vem acrescentar novas qualidades às valiosas induções de Áries; em compensação, vem acrescentar-lhe novos defeitos. Os arianos negativos que sofrem esta influência são materialistas e libertinos e, comumente, tendem para o abuso da bebida e o refinamento nos prazeres da mesa e do amor.

Tipo Ariano–Solar

Data de nascimento: entre 31 de março e 9 de abril

Qualidades: heroísmo, construtividade, coragem
Vícios: cólera, materialismo, orgulho

Hora natal: entre 6h e 13h59m

Os que nascem durante estes dez dias e neste espaço de oito horas são mais sociáveis e comodistas; desaparece neles, parcialmente, o espírito de campanha que o ariano geralmente tem e inclinam-se mais para uma vida agradável e confortável. São um pouco mais sensíveis e tranqüilos do que seus companheiros de signo, embora a personalidade continue sendo a fundamental, enérgica, fogosa e dominadora; o temperamento, porém, é mais jovial, amável e, freqüentemente, emocional.

Os arianos que recebem estas vibrações gostam de elogios, fogem do silêncio e da solidão e, quase sempre, são excelentes companheiros e amigos. Este momento natal promete ótima saúde e poderosa vitalidade e seus nativos curam-se de qualquer doença com muita facilidade. Acentuam-se, aqui, o egoísmo, o orgulho e o ciúme extremo, que chega a ser tirânico, defeito este comum até nos tipos evoluídos.

Hora natal: entre 14h e 21h59m

Nesta posição cósmica nascem arianos que têm muita semelhança com os leoninos, tanto na simpatia pessoal como no modo de agir. Possuem poderosa aura magnética e grande vitalidade, sendo que a imaginação criadora e a capacidade realizadora são inestimáveis dotes que aqui andam sempre juntos.

Os nativos deste período têm uma personalidade muito positiva, um caráter bastante generoso e um temperamento amável e sociável. Podem conseguir a realização de todos os seus objetivos, mesmo os mais atrevidos, pois possuem armas para isso: inteligência, audácia, coragem para lutar, entusiasmo e energia, além de uma razoável dose de persistência e bastante prudência no falar e no agir. Estas vibrações trazem, também, idealismo e inspiração e sob elas nascem os heróis e os grandes líderes. As induções negativas traduzem-se por excessivo orgulho, tirania, egoísmo, mania de grandeza e vaidade doentia.

Hora natal: entre 22h e 5h59m

Os arianos nascidos nesse horário sofrem muito a vibração de Sagitário. Este signo, como já dissemos, proporciona dois tipos distintos: um material e outro intelectual. Freqüentemente, determina os indivíduos de dupla personalidade, que oscilam entre as irradiações animais e espirituais do Centauro, ou que pertencem a um dos dois tipos.

Entre os arianos deste período podem surgir as criaturas inspiradas e idealistas, os ardentes e desprendidos defensores dos mais fracos, os adeptos entusiastas de todas as obras que trazem benefício aos seus semelhantes... ou os egoístas, que só se interessam por aquilo que lhes possa trazer fama, lucro, poder e prazer. Aqui também encontramos os tipos oscilantes que padecem intermitentes acessos de egoísmo e generosidade, de espiritualismo e materialismo. Os tipos negativos são inclinados às aventuras amorosas e são ciumentos, egoístas, orgulhosos e dominadores.

Tipo Ariano–Jupiteriano

Data de nascimento: entre 10 e 20 de abril

Qualidades: dignidade, justiça, combatividade
Vícios: sensualidade, intransigência, orgulho

Hora natal: entre 6h e 13h59m

As influências deste período determinam as criaturas de poderosa personalidade, nascidas para o comando e para as posições de responsabilidade. Esse período cósmico também proporciona inclinação para os estudos religiosos, embora essa tendência seja mais provocada pelo fascínio do esplendor litúrgico do que, propriamente, por um ideal místico. O desejo de poder e domínio, induzido pelo elemento fogo, encontra, aqui, um sentido diferente do que acontece nas demais faces de Áries; o nativo é impelido a conquistar e vencer pelo desejo de impor ordem, separar castas e delimitar fronteiras, sociais e morais.

Essa posição cósmica determina uma natureza benevolente de pronunciadas tendências afetivas. O ariano aqui nascido, quando ama, é demasiadamente ciumento e seu carinho chega a pecar pelo excesso. Nos tipos inferiores manifesta-se muita sensualidade ou, então, a retidão se transforma em mania reformadora e a franqueza transmuta-se em grosseria.

Hora natal: entre 14h e 21h59m

Os que nascem neste período e nesta data são extremamente inteligentes e sensíveis e podem sentir forte inclinação para os trabalhos intelectuais, a arte, a literatura, as ciências sociais e a política. Determina habilidade no falar e proporciona uma personalidade magnética e atraente.

Os arianos nascidos nesse horário têm um claro e justo sentido do seu próprio valor. Sinceros e leais em seus atos, não admitem que ninguém desrespeite seus direitos, mas sabem honrar os direitos alheios. São, como todos os filhos de Áries, apaixonados, enérgicos e inquietos, mas aqui se verifica uma inclinação maior para as atividades mentais e menor necessidade de movimento e ação. Os nativos do Carneiro, geralmente, pulam de um objetivo a outro sem concretizar nenhum deles; os que aqui nascem, todavia, são mais pacientes, realizadores e objetivos. Os tipos negativos são vaidosos, insubordinados, egoístas e dominadores.

Hora natal: entre 22h e 5h59m

Os arianos nascidos neste decanato e dentro deste período de oito horas estão, muitas vezes, mais identificados com o signo do Centauro do que muitos sagitarianos. Possuem uma sede insaciável de conhecimentos e preferem as atividades mentais. Filosofia, religião, política, ciências sociais, enfim, todos os assuntos que pesquisam o mistério do homem em relação aos problemas transcendentes do Criador e da criação ou que estudam seu comportamento entre seus semelhantes, são temas de interesse para eles.

O temperamento é entusiasta, jovial e otimista, mas aqui se intensificam, novamente, as características próprias de Áries. Os nativos deste aspecto cósmico são ardentes e impetuosos, mas têm alta capacidade de raciocínio e sentido coordenativo e hierárquico. Gostam das altas posições e as grandes responsabilidades não os assustam, pois sentem-se capacitados para superá-las. Os tipos negativos são orgulhosos e materialistas ao extremo.

ÁRIES E O ZODÍACO

Harmonias e desarmonias no plano das relações de amizade, de amor e de negócios entre os nascidos em Áries e os nascidos em outros signos.

Nenhum ser humano vive protegido por uma redoma de vidro, livre do contato direto com seus semelhantes. No lar, na convivência com amigos, ou no trato dos negócios, estamos constantemente agindo em paralelo com inúmeras pessoas; algumas nos agradam porque têm um temperamento igual ao nosso ou porque nossas predileções são idênticas; outras não nos são simpáticas porque representam o oposto do que somos ou do que desejaríamos ser. Devemos aprender a conhecer nossos irmãos zodiacais e a apreciar suas qualidades. Observando-os, poderemos então saber se aquilo que existe neles e que nos parece ruim talvez seja melhor do que o que existe em nós. Assim, o que seria motivo para antagonismos passa a atuar como fator de complementação e aperfeiçoamento.

Dentro da imensidão de estrelas que povoam a galáxia chamada Via Láctea, nosso Sol é um modesto astro de quinta grandeza, que se desloca vertiginosamente rumo a um ponto ignorado do Universo, carregando consigo seus pequeninos planetas com os respectivos satélites; dentro, porém, do conceito igualitário do Criador; esse diminuto Sol e a insignificante Terra, com seus habitantes mais insignificantes ainda, têm uma importância tão grande quanto o incomensurável conjunto de nebulosas e seus bilhões de estrelas.

Somos átomos de pó, comparados com as galáxias e as estrelas, mas cada um de nós é um indivíduo que vive e luta. Para nós, nossos próprios desejos, predileções, antipatias e simpatias têm uma magnitude infinita. Temos de enfrentar problemas dos quais dependem nossa felicidade e sucesso. Para resolvê-los precisamos, quase sempre, entrar em contato com muitas outras pessoas que pertencem a signos diferentes do nosso.

Amor, amizade e negócios são os três ângulos que nos obrigam à convivência com outros tipos astrológicos. Analisando-os, estudaremos o vibrante signo de Áries em relação aos demais setores do zodíaco. Conhecendo as qualidades positivas ou negativas de todos os signos, o ariano poderá encontrar a melhor fórmula para uma vivência feliz, harmônica e produtiva.

ÁRIES–ÁRIES. Existe muita variação nas relações entre nativos do mesmo signo; elas podem ser pacíficas, quando os indivíduos conciliam seus objetivos, e hostis, quando eles entram em choque. Entre arianos, as probabilidades de antagonismo são grandes, pois a personalidade determinada por Áries é forte e dominadora: onde dois querem mandar ou sobrepor-se e nenhum gosta de obedecer ou subordinar-se, logicamente há mais possibilidade de atritos constantes do que de convivência pacífica.

Acentuam-se as relações hostis entre arianos do mesmo decanato, principalmente os nascidos nos primeiros dez dias deste signo, entre 21 e 30 de março, onde a vibração agressiva e autoritária de Marte é muito forte. Também entre os nativos deste primeiro decanato e os que nascem nos últimos dez dias de Áries, entre 10 e 20 de abril, os aspectos não são muito favoráveis; enquanto os primeiros são impelidos por Marte, os segundos recebem a influência participante de Júpiter, que não costuma dobrar-se ante a força marcial. Os melhores influxos se observam em relação aos arianos que nascem entre 31 de março e 9 de abril, onde a irradiação generosa do Sol os torna mais cordatos e os ensina a dar aos direitos alheios o mesmo valor que exigem seja dado aos seus.

O ariano está sempre disposto a ajudar os mais fracos, mas é orgulhoso e autoritário. Quem necessitar de sua ajuda deve solicitá-la com respeito, se quiser ser atendido, mas nunca com humildade, pois o filho de Áries detesta os covardes.

Amor — A vida amorosa dos casais arianos será mais tempestuosa do que pacífica se cada um dos componentes não moderar seu temperamento e respeitar os direitos do outro. Os nativos de Áries são um pouco egoístas e, geralmente, dão mais importância aos seus projetos e desejos do que à família e ao lar. O casamento dos que nascem sob este signo poderá terminar em separação, amigável ou judicial; isso acontecerá porque os arianos não dão muito valor aos deveres conjugais e procurarão fugir das rotineiras responsabilidades sempre impostas a quem tem deveres familiares a respeitar.

Os casamentos mais felizes poderão acontecer entre os nativos do segundo decanato, que vai de 31 de março a 9 de abril, ou destes com nativos do terceiro decanato, que abrange de 10 a 20 de abril; estes arianos serão mais constantes, amáveis e carinhosos. Será necessário sempre, porém, prudência e cuidado, pois Áries poderá proporcionar mais de uma união desfeita.

Amizade — Os arianos são excelentes amigos e se revelam companheiros leais e sinceros, sempre prontos a ajudar nas horas de necessidade. Falta-lhes, porém, a constância necessária para manter acesa a sagrada chama da amizade. Às vezes procuram assiduamente seus companheiros e outras vezes passam meses ou anos sem visitá-los; todavia, quando os encontram, o afeto parece reviver com a mesma sincera intensidade e reatam a amizade, como se nem um dia tivesse transcorrido desde o último encontro.

Amizades entre arianos correm o risco de terminar bruscamente. Relações íntimas e cálidas podem ser esquecidas de um dia para outro, apenas porque os nativos deste inquieto signo encontram outro canal para onde desviar seu interesse. Estes aspectos se acentuam mais nos arianos nascidos no primeiro decanato, entre 21 e 30 de março. Os outros nativos de Áries são mais firmes e constantes nas suas afeições.

Negócios — Os arianos estão sempre entusiasmados com algum projeto audacioso e são raros os que se sujeitam a um trabalho rotineiro e medíocre. Querem, sempre, fazer algo importante e, para isso, não hesitam em empregar todos os seus recursos de energia e de dinheiro. Quando são obrigados a trabalhar para outras pessoas não se sentem felizes e só suportam a situação quando não têm meios ou modos de fugir dela.

Geralmente, quando dois arianos se juntam para realizar algum negócio, sempre o fazem com o ardor próprio deste signo; mas a não ser que a empresa os agrade extraordinariamente, logo o seu entusiasmo começa a esfriar e a sociedade acaba em fracasso. Os choques pessoais, que acontecem com muita freqüência entre arianos, serão causa de muitas brigas. A irreflexão, que impede que os negócios sejam cuidadosamente planejados, será a pedra que ajudará o empreendimento a naufragar definitivamente.

ÁRIES–TOURO. Touro confere iniciativa lenta e determina uma natureza amante da paz, da ordem e do trabalho. Seus nativos têm grande tendência para amealhar, tanto os lucros como as idéias e os afetos. Este signo proporciona, também, um temperamento calmo, porém sujeito a terríveis explosões. A cólera do taurino é lenta, cresce devagar, mas irrompe com violência.

O temperamento induzido por Touro é, portanto, bastante oposto ao de Áries. Os arianos agem movidos pela paixão e são inconstantes em suas atitudes, mas os taurinos meditam muito antes de iniciar qualquer obra; só fazem o que julgam acertado e uma vez em ação dificilmente recuam. Os arianos esbanjam energia, idéias e vitalidade, mas os taurinos economizam tudo, fortalecendo-se e aumentando suas próprias reservas. O nativo de Áries é volúvel e sua cólera é freqüente, porém passageira. Os taurinos, em oposição, são perseverantes no ódio ou no amor; encolerizam-se devagar, mas guardam, por longo tempo, um surdo rancor.

Quem nasce em Áries vive com os olhos no futuro, descuidando-se do presente e fazendo apenas aquilo que deseja; ele é o filho do fogo, que tem diante de si o Universo inteiro para conquistar. Quem tem, porém, a marca das estrelas de Touro só faz o que traz proveito para si e para as seus; é o desterrado do Éden, que tem de regar a terra com seu suor, para poder sobreviver.

O taurino é bondoso é sensível. Quem precisar do seu auxílio não terá que esperar muito para ser atendido. Deve-se, porém, ter cuidado com os tipos negativos; estes tiram mais do que dão.

Amor — Nos assuntos amorosos, a junção desses dois signos pode determinar apenas grande afinidade sexual. Os taurinos são muito afetivos e seu ideal é uma vida farta e feliz. Amam a rotina, para eles a família e o lar são coisas de importância maiúscula; ressentem-se portanto, com a intranqüilidade dos arianos, com sua imprevidência e irreflexão e com sua busca contínua de novidades e aventuras.

Os melhores aspectos acontecerão quando os arianos se unirem a taurinos nascidos entre 21 e 29 de abril; este período recebe apenas a influência de Vênus que sabe compreender melhor os nativos de Áries. As uniões serão instáveis e há possibilidade de separação quando os arianos escolhem alguém nascido entre 30 de abril e 9 de maio; este decanato é influenciado por Mercúrio e seus nativos são muito inteligentes, rebeldes e habilidosos no falar e, quando negativos, são desonestos e trapaceiros.

Amizade — Os taurinos são sinceros e constantes em suas afeições, mas as relações de amizade entre eles e os arianos sofrem em razão da instabilidade destes últimos. Os nativos de Touro são amigos úteis, pois atuam como benéfico freio, moderando os impulsos irrefletidos dos arianos e impedindo-os, muitas vezes, de praticar atos dos quais mais tarde se arrependerão. Ligando-se a tipos negativos, os arianos poderão ser conduzidos à sensualidade e aos excessos no comer e no beber, em prejuízo de sua própria saúde.

Os taurinos nascidos entre 30 de abril e 9 de maio nunca serão amigos muito favoráveis para os arianos. Este decanato recebe a influência de Mercúrio que proporciona uma inteligência viva e ágil, um desenvolvido senso crítico, uma língua ferina e um caráter rebelde. Como os arianos gostam de ser obedecidos e detestam ser criticados, suas relações com esses taurinos terão duração bem fugaz.

Negócios — As associações comerciais entre nativos de Áries e Touro podem ser férteis e lucrativas, desde que os arianos se disponham a aceitar e respeitar o poder de raciocínio dos taurinos positivos, que são lentos em suas ações, mas extremamente firmes em seu trabalho. Há perfeita complementação neste setor; os nativos de Áries idealizam e dinamizam e os produtivos nativos de Touro complementam e realizam. Para isso, porém, dêem a eles inteira liberdade, sem interferir e sem aguilhoá-los com sua impaciência, muitas vezes prejudicial, deixando-os executar sua tarefa ao seu modo.

Mais uma vez, é necessário ter cautela com os nativos de Touro nascidos entre 30 de abril e 9 de maio, que são os que mais danos podem causar aos arianos. Associando-se a elementos negativos desse decanato, os arianos poderão sofrer complicações com papéis e documentos e ter complicações com a justiça, o que sempre é desfavorável aos arianos.

ÁRIES–GÊMEOS. Não há muita identidade entre estes dois signos. Ambos possuem a mesma mobilidade e inquietação, mas enquanto o ariano segue apenas os ardentes impulsos do momento, o geminiano oscila entre a razão e a intuição e, geralmente, acaba ouvindo esta última. A faculdade de persuadir pela palavra, que tanta falta faz aos arianos, existe, de sobra, nos geminianos e os nativos de Áries desconfiam de sua conversa hábil e fluente. Por outro lado, os inteligentes nativos de Gêmeos têm inata facilidade para lidar com papéis, documentos e escritos de toda espécie, possuindo, geralmente, letra bonita e corrente; os arianos, embora possam ter brilhantes aptidões para escrever romances, teses, defesas, etc., detestam redigir cartas ou lidar com documentos que, aliás, não lhe trazem muita sorte.

A união destes nativos pode ser muito proveitosa quando ambos são evoluídos, mas, quase sempre, acaba em discórdia. Ambos são inconstantes e superficiais. Embora possuindo enorme capacidade mental, não têm muita inclinação para concretizar seus objetivos, sendo a criação e a ideação a sua principal força. Em amor, amizade ou negócios os arianos devem acautelar-se dos geminianos, positivos ou negativos, pois eles são espertos, brincalhões e maliciosos e isto não agrada aos nativos de Áries, que sempre levam tudo muito a sério.

O geminiano tende sempre a intelectualizar suas emoções. Quem precisa de seus favores deve saber esperar a hora certa, pois ora ele é generoso, ora indiferente, dependendo do seu estado mental e das circunstâncias do momento.

Amor — Nos assuntos amorosos, estes dois signos não prometem muita felicidade. Enquanto Áries materializa e objetiva seus conceitos e emoções, Gêmeos os intelectualiza, dando-lhes uma feição mais ideal do que real.

Embora o sexo oposto sempre lhe interesse, o ariano exige, da pessoa amada, a mais absoluta fidelidade; ela tem de lhe pertencer de corpo e alma... e não é fácil arrancar essa espécie de fidelidade de um geminiano. Embora os nativos de Gêmeos sejam muito afetivos, são apreciadores fervorosos da liberdade e não se subordinam aos arianos, que quando amam gostam tanto de proteger como de dominar.

Entre os nativos dos dois signos, observa-se maior harmonia quando o geminiano tem sua data natal entre 30 de maio e 8 de junho. As uniões com tipos negativos poderão ter caráter mórbido ou amoral, principalmente no caso de geminianos nascidos entre 9 e 20 de junho; estes são protegidos também por Urano e poderão causar grandes prejuízos morais aos arianos.

Amizade — Áries e Gêmeos não indicam amizades muito profundas ou duradouras. Os arianos não confiam muito nos geminianos e estes, amantes do raciocínio e da crítica, não levam muito a sério a natureza apaixonada dos nativos de Áries. As amizades mais duradouras verificar-se-ão quando os geminianos nascerem entre 30 de maio e 9 de junho, decanato este que proporciona uma natureza mais amável e menos crítica e maliciosa.

O signo de Áries não se harmoniza muito com as vibrações de Urano, o lento e elétrico planeta que rege as mais revolucionárias conquistas da ciência. O último decanato de Gêmeos, período que vai de 9 a 20 de junho, é influenciado por este planeta e os nativos de Áries dificilmente estabelecem relações harmônicas com os geminianos nascidos nessa data. Quando se unem, por amizade, tipos positivos de Áries e Gêmeos, estabelece-se uma combinação de extraordinário valor cósmico; a união de tipos negativos poderá ter resultados desagradáveis e mesmo graves.

Negócios — Os arianos devem ter cautela ao realizar qualquer associação comercial com os geminianos.

Mercúrio, o brilhante e, muitas vezes, desonesto regente dos Gêmeos, ri de Marte, de seu ardor irrefletido, da sua belicosa seriedade e do seu desejo de domínio. As associações entre nativos desses dois signos quase nunca dão certo, a não ser tratando-se de tipos positivos; aí, então, os resultados serão muito proveitosos e os lucros bastante compensadores.

O nativo de Áries, a despeito de sua coragem e audácia, sempre receia ser logrado e, mesmo que não haja reais razões para isso, quase sempre acaba julgando que está sendo enganado pelos mercuriais nativos de Gêmeos. Ao associar-se a um geminiano, o ariano deve sempre verificar os papéis e documentos, para não acusar injustamente o seu sócio. Deve, também, fugir dos tipos negativos, que podem conduzi-lo a complicações com a justiça.

ÁRIES–CÂNCER. Na combinação destes dois signos há maiores possibilidades de antagonismo do que de harmonia. Os arianos, livres, independentes e imprevidentes, não se adaptam aos cancerianos, que são conservadores e prudentes, amam o lar e a família e gostam de uma vida calma e sem aventuras. Enquanto o sistema dos arianos é o ataque, os cancerianos vivem na defensiva, prontos para lutar pelo que lhes pertence, mas nunca dispostos à batalha de conquista. A natureza inquieta e ativa dos arianos entra em choque com o temperamento moderado e cauteloso dos nativos de Câncer, que não apreciam mudanças ou novidades, só admitindo aquelas que não oferecem o perigo de abalar sua tranqüilidade doméstica.

Áries, pertencendo ao elemento fogo, opõe-se a Câncer, que é um signo de água, de natureza frio-úmida, o que torna seus nativos místicos e emotivos. Os arianos são pouco inclinados às demonstrações sentimentais; amam, mas à sua moda. Os cancerianos, porém, são emotivos e dedicados e rodeiam as pessoas amadas com seus carinhos e cuidados, o que não agrada aos arianos que detestam ser envolvidos por laços sentimentais. Existe uma possibilidade maior de harmonia quando os cancerianos nascem entre 4 e 13 de julho; este decanato é regido por Marte, que determina mais afinidade entre os nativos dos dois signos.

Os cancerianos são extremamente fraternos e estão sempre prontos para auxiliar o próximo; pode-se ter a certeza de que tudo farão para atender a um pedido, desde que este não prejudique ou interfira na sua vida particular.

Amor — No amor, os nativos de Câncer exigem fidelidade, constância, dedicação e carinho e sempre retribuem aquilo que recebem; os nativos do ardente, porém egoísta, Áries, quase nunca estão dispostos a satisfazer essas exigências. Para o ariano, a união com um canceriano é sempre útil e proveitosa, pois o nativo do signo do Caranguejo saberá compreender a natureza ardente do nativo de Áries, tentará transformá-la gradualmente e conseguirá equilibrar, de modo razoável, a felicidade doméstica.

O matrimônio mais harmônico acontecerá quando os arianos escolherem alguém nascido no segundo decanato de Câncer, entre 4 e 13 de julho; paradoxalmente, apesar da afinidade maior, as brigas serão mais freqüentes mas isso é compreensível; os cancerianos desse decanato são influenciados por Marte, que os torna geniosos, independentes e rebeldes e os arianos não costumam harmonizar-se com quem se levanta contra seus desejos.

Amizade — No que se refere às amizades, os aspectos oferecidos por Áries e Câncer mostram as mesmas tendências antagônicas e isto dificulta as amizades muito profundas ou as relações muito íntimas entre arianos e cancerianos. Em virtude da disparidade de temperamento, induzida pelos dois signos, não existem muitos pontos de interesse comum, capazes de manter, por muito tempo, qualquer espécie de ligação fraterna, a não ser quando determinada por interesses financeiros, intelectuais ou artísticos.

Amizades com cancerianos negativos, nascidos entre 14 e 21 de julho, poderão trazer prejuízos morais aos arianos. Cancerianos positivos, mas de vontade débil, nascidos neste decanato, poderão, ao contrário, ser prejudicados pela dominadora personalidade ariana, pois recebem a influência participante do mais sensível dos planetas, o místico Netuno, que lhes proporciona uma natureza extremamente impressionável e influenciável.

Negócios — Os negócios entre nativos de Áries e Câncer podem ser prejudicados pelas mesmas razões estudadas nos parágrafos relativos à amizade e ao amor. Quando, porém, os dois tipos são positivos e evoluídos e superam os antagonismos naturais, a associação poderá ser extremamente produtiva e lucrativa, trazendo não apenas fortuna, mas, também, muito prestígio.

O ariano tem as condições ideais para idealizar e dirigir. Gosta de mover-se nas altas esferas sociais, políticas ou financeiras e sabe planejar grandes negócios e criar empresas audaciosas. O canceriano, por seu lado, é muito inteligente, muito hábil para lidar com o povo, realizar trabalhos que exigem ordem, paciência e método e executar o difícil trabalho de complementação que o ariano necessita. Os arianos devem cuidar-se dos cancerianos negativos. Câncer é governado pela Lua, que tem uma Face Negra, que inclina à malícia, à bebida, à intriga e à perversão, moral e espiritual.

ÁRIES–LEÃO. Os nativos de Áries quase só se harmonizam totalmente com os leoninos, embora tenham grande afinidade com os sagitarianos e esta associação é, para eles, uma das mais, ou melhor, a mais favorável do zodíaco.

Entre Leão e Áries observa-se muita concordância nas vibrações e os nativos dos dois signos são apaixonados, dinâmicos, audaciosos e ambiciosos e gostam de criar e realizar grandes obras. Enquanto, porém, o ariano se lança irrefletidamente sobre o objetivo desejado, o leonino é racionalista; soma a prudência ao entusiasmo e suas ações, embora ardentes, são guiadas pela razão. A associação entre ambos é sempre benéfica, pois, além da grande identidade existente entre os dois tipos, o leonino pode exercer um efeito moderador sobre os arianos, dando-lhes mais profundidade e calma.

Poderão surgir choques entre arianos e leoninos, pois ambos são orgulhosos, independentes e conscientes do seu valor. O ariano gosta de dominar e nunca se submete; o leonino age da mesma forma e onde dois mandam a briga é certa. Nesta brilhante associação, portanto, é necessário que um dos dois ceda o comando ao outro, a fim de que ambos possam aproveitar as extraordinárias possibilidades que certamente surgirão, determinadas pelo encontro dos nativos dos signos do Leão e do Carneiro, animados ambos pela divina força criadora do fogo.

O leonino repele a fraude e a mentira e só os honestos e corretos conseguem seus favores. Se alguém lhe fizer alguns elogios, obterá logo o que deseja, porque o leonino, embora muito justo, é, também, bastante vaidoso.

Amor — Uniões ou matrimônios felizes, prósperos e harmônicos podem acontecer quando nativos de Leão e Áries se unem. A tendência mais equilibrada dos leoninos, sua generosidade e prudência, corrigem o egoísmo dos arianos e moderam seus impulsos irrefletidos.

Os arianos, porém, devem acautelar-se contra os leoninos negativos, pois o Leão dá aos seus nativos muita imprudência no lidar com dinheiro, inclinando-os a viver de modo luxuoso, jogar, passear e viajar; aos gastos excessivos; portanto, poderão provocar sérias complicações financeiras.

Por outro lado, o ariano deve sempre ouvir os conselhos do seu cônjuge leonino, se este for positivo; caso prevaleça a impetuosidade dos nativos de Áries a união acabará sendo destruída pela intensidade voraz que o fogo empresta aos que nascem nos signos por ele dominados.

Amizade — Amizades longas e sinceras acontecem, freqüentemente, entre arianos e leoninos. Os nativos do Leão costumam admirar a intensidade de ação dos nativos de Áries e estão sempre prontos a acompanhá-los em seus objetivos, desde que estes não atrapalhem seus próprios planos.

Leão é o setor zodiacal onde o sensível Netuno encontra sua exaltação e, por isso, o leonino, a despeito de sua energia e vitalidade, é muito psíquico e receptivo. Agrada-lhe a companhia dos arianos porque estes dinamizam e estimulam sua mente; em contato com eles, sentem-se como o Sol, que se exalta gloriosamente em Áries.

As relações com tipos negativos de Leão poderão ser muito prejudiciais, pois os leoninos inferiores são bajuladores, hipócritas e falsos. Procurarão conseguir empréstimos e favores por meio da calúnia e da intriga e os arianos poderão ver-se envolvidos em casos desagradáveis.

Negócios — Também no que se refere às associações comerciais, os aspectos observados entre nativos de Leão e de Áries são muito benéficos e poderão determinar grandes lucros para o ariano, pois Leão é o signo da fortuna.

É necessário, porém, que nessas associações o ariano seja responsável pelas finanças, porque os leoninos, muitas vezes, são demasiadamente liberais nos assuntos de dinheiro, dão com generosidade, fazem compras excessivas e não sabem negar favores a ninguém. Nos demais pontos existirá sempre harmonia e a instabilidade do ariano será compensada pela natureza fixa e determinada do leonino. Uma sociedade entre esses dois elementos, em que os assuntos financeiros sejam bem controlados, poderá trazer riqueza e prestígio, pois ambos possuem personalidade magnética, muita coragem e muita inclinação para realizar empreendimentos difíceis e de grande alcance.

ÁRIES–VIRGEM. O signo de Virgem tem qualidades estranhas e muitas delas são maléficas para os arianos. Virgem tem a regência de Mercúrio e recebe a influência participante de Saturno; os arianos detestam o calculismo, a fria inteligência e a desapaixonada e inabalável força íntima dos saturninos e também se ressentem do intenso e perturbador influxo de Mercúrio. Estes fatores determinam que arianos e virginianos raramente coexistam de modo harmônico e produtivo. O signo de Virgem também recebe a influência participante de Vênus, que tanto pode corromper como purificar. Os arianos, que procuram o prazer com a mesma naturalidade com que se lançam às batalhas políticas ou financeiras, poderão ser muito prejudicados, devendo associar-se somente a virginianos positivos, para mais tarde não sofrerem graves prejuízos morais, financeiros e sociais.

O ariano tem, nos nativos de Virgem, excelentes elementos de complementação, pois enquanto gostam de traçar apenas as linhas gerais e atacar somente os pontos principais de um problema, os virginianos são detalhistas, minuciosos e ordenados. Os arianos são imprudentes e agressivos, mas os virginianos são calculistas e prudentes; as qualidades de cada um, isoladas, podem conduzir ao fracasso, mas, em conjunto; podem oferecer resultados excelentes para ambas as partes.

Os virginianos positivos são muito rígidos em moral e, para eles, auxiliar e orientar o próximo é um dever. Quem necessitar de seus favores não deve mostrar-se auto-suficiente ou audacioso, pois Virgem gosta de amparar os fracos e não aprecia os orgulhosos.

Amor — Não existem possibilidades muito harmônicas entre arianos e virginianos. O nativo de Áries age movido por seus interesses de momento e é sempre sincero, mesmo quando seus atos não estão de acordo com a lógica e a moral. O virginiano, porém, age mais pelo cálculo e, quando pertence ao tipo negativo, é difícil saber quando está sendo sincero ou hipócrita. Para os arianos, que amam a liberdade e são francos e expansivos, o casamento com alguém nascido sob o signo de Virgem poderá ser um fardo bem pesado, pois o virginiano, mesmo positivo, é muito absorvente e egoísta.

Os tipos superiores de Virgem são intelectuais, amorosos, comunicativos e sua necessidade de afeto e satisfação sexual é bem equilibrada. Os arianos, porém, poderão ter um casamento arruinado se se unirem a tipos negativos, pois estes tanto poderão ter complexo de castidade, como poderão usar o matrimônio como cobertura para satisfazer um apetite sexual desenfreado.

Amizade — Não há muita possibilidade de que se estabeleçam amizades íntimas entre nativos de Áries e de Virgem; elas terão, quase sempre, um caráter superficial e estarão mais presas a interesses sociais ou financeiros do que, propriamente, a qualquer espécie de afeto fraterno.

Os virginianos positivos, por sua prudência e inteligência, poderão ser muito úteis aos arianos, que devem aproveitar sua benéfica e superior influência. Mais uma vez, por influência de Mercúrio e Vênus, os arianos, quando se unirem por amizade aos virginianos negativos, estarão sujeitos a grandes prejuízos morais ou financeiros. Devem, principalmente, evitar intimidades com os nativos de Virgem, de condições subalternas ou posição social inferior, pois estes se aproveitarão de fatos de sua vida particular, referentes a negócios ou ao matrimônio, para levar os nativos de Áries à desonra ou ao descrédito, por meio da calúnia e da intriga.

Negócios — Também nos negócios, Áries e Virgem não prometem muito êxito, a não ser que o ariano se associe somente a elementos evoluídos e positivos; estes virginianos, além de muito inteligentes, são naturalmente hábeis para lidar em todas as atividades comerciais, devido à influência principal de Mercúrio, que domina sobre o signo de Virgem.

Associando-se a virginianos nascidos entre 2 e 11 de setembro, o ariano poderá ter prejuízos, pois os nativos deste decanato são protegidos por Saturno, que é hostil a Áries e Marte e que, quando envia raios negativos, torna os virginianos pouco escrupulosos em relação aos assuntos de dinheiro. Quando a associação for com virginianos também negativos, cuja data natal estiver entre 23 de agosto e 1º de setembro, os prejuízos poderão ser motivados por papéis ou documentos, extraviados ou falsificados; portanto, ao fazer negócios com nativos de Virgem, o ariano deve escolher bem seu sócio.

ÁRIES–LIBRA. Marte é o símbolo da masculinidade enquanto Vênus representa a força feminina; o encontro dos dois tanto pode resultar numa combinação de efeitos elevados e harmônicos como numa união puramente materialista. No zodíaco fixo, Áries é o indivíduo enquanto Libra é sua complementação, física, mental ou espiritual, representando o cônjuge, os associados, as uniões e as separações. Esses fatores ajudam a compreender a natureza das relações entre arianos e librianos que terão, sempre, caráter pessoal e apaixonado e serão intensas, tanto no ódio como no amor. Positiva ou negativa, a influência de Libra nunca será insignificante para os arianos, mas terá, sempre, uma importância definitiva em seu destino.

Os arianos terão resultados muito favoráveis se conviverem com os sensíveis, inteligentes e magnéticos nativos de Libra, pois neles encontrarão a complementação, física ou espiritual, que tanto necessitam; entre tipos inferiores, todavia, esta associação poderá conduzir a extremos de sensualidade e materialismo.

É bom lembrar que o símbolo de Libra é uma balança, que tanto representa a Justiça como a igualdade entre as criaturas. Os librianos não precisam castigar seus ofensores, porque estes recebem a punição pela cósmica Lei do Retorno; os arianos nunca devem humilhar ou injustiçar os nativos da Balança, pois receberão de volta tudo quanto fizerem ou disserem.

O libriano é reto em seus julgamentos e imparcial em suas opiniões. Quem precisar de um favor seu, pode ter certeza de que será atendido, se o pedido for justo; caso contrário, não conseguirá arrancar nada do nativo de Libra.

Amor — É no amor, principalmente, que mais se hostilizam ou se harmonizam os nativos de Libra e Áries pois, como já apontamos, as relações entre ambos sempre serão intensas e nunca indiferentes ou frias. O casamento, portanto, poderá resultar numa união feliz e harmônica ou se transformará em cenário de brigas constantes e violentas; aliás, o libriano dificilmente discute e é inimigo de argumentos e brigas e o ariano, freqüentemente, acabará falando sozinho na arena vazia.

O matrimônio com librianos nascidos entre 2 e 11 de outubro não será muito feliz, pois haverá forte incompatibilidade de gênios, já que este decanato recebe, também, a vibração de Urano, que é hostil a Áries e Marte, o que poderá determinar separação entre os cônjuges. Igualmente, o casamento com alguém nascido entre 12 e 22 de outubro poderá acabar em separação; desta vez a desunião será determinada por intrigas, calúnias ou complicações financeiras.

Amizade — As amizades entre nativos de Áries e de Libra serão de natureza instável e de duração incerta. Para os librianos, que têm inclinações muito particulares e raramente se subordinam à vontade dos outros, é difícil manter relações muito íntimas com os arianos que gostam de mandar nos amigos, escolher os passeios e dirigir as palestras, exigindo, sempre, atenção, constância e fidelidade.

Os tipos negativos, principalmente os nascidos entre 2 e 11 de outubro, poderão causar sérios prejuízos morais aos arianos, que se verão envolvidos em escândalos. Outros tipos negativos, nascidos entre 12 e 21 de outubro, também poderão trazer preocupações e aborrecimentos, causados por papéis, documentos, dinheiro, intriga ou calúnia. Convém notar, todavia, que se os elementos negativos são prejudiciais, os positivos são altamente favoráveis e o ariano se beneficiará muito convivendo harmonicamente com eles.

Negócios — As associações comerciais entre arianos e librianos não serão muito harmônicas porque, enquanto os nativos de Áries necessitam de elementos que os complementem, os nativos de Libra são muito independentes e gostam de criar, cultivar e realizar suas próprias idéias.

A diversidade nos sistemas de trabalho também será motivo de discórdias. Os librianos fazem somente aquilo que julgam ser necessário e na hora que melhor lhes agrada. Cuidam muito do seu corpo e quando se sentem esgotados gostam de viajar e repousar fora da cidade e longe dos compromissos. Essa atitude não é compreendida pelo ariano, que quando faz qualquer coisa põe em ação todas as suas energias e não se importa com o que seu corpo físico possa sofrer.

Quando se unem elementos positivos da Balança e do Carneiro a associação poderá ser muito benéfica e lucrativa para os arianos, pois o nativo de Libra possui inteligência muito desenvolvida e extrema sorte nos negócios.

ÁRIES–ESCORPIÃO. Áries é um signo de fogo, sua constituição é quente e seca, seu ritmo é impulsivo e sua polaridade é masculina, enquanto Escorpião pertence ao elemento água, é de constituição fria e úmida, seu ritmo é estável e sua polaridade é feminina, ou passiva; apesar dessa oposição na natureza cósmica de ambos, arianos e escorpianos se parecem muito em matéria de agressividade, ardor e extremismo, em virtude da vibração de Marte, que é o regente de ambos os signos. Divergem, porém, em muitas coisas: enquanto o ariano age por impulsos, é pouco perseverante, sua cólera é violenta mas passageira, os escorpianos, possuindo a mesma ardente atividade, agarram-se tenazmente aos seus objetivos, sempre terminam aquilo que iniciam, nunca esquecem as ofensas e sua cólera é intensa e profunda.

O encontro entre os nativos de Áries e do Escorpião poderá, ocasionalmente, trazer resultados benéficos e produtivos; no comum dos casos, porém, em virtude de ambos serem regidos por Marte, esse encontro trará resultados desfavoráveis, determinando violento antagonismo. As associações entre arianos e escorpianos de vibração inferior poderão ter conseqüências funestas, para ambas as partes; freqüentemente, poderão ocorrer discussões ou brigas que acabarão em ataques corporais, ferimentos e até mesmo morte.

O escorpiano tem uma inteligência muito aguda e seu psiquismo é intenso. Quem precisar de sua ajuda deverá falar-lhe com absoluta franqueza, sem mentiras ou dissimulações; mesmo que o pedido não seja muito justo o escorpiano o satisfará, desde que sinta que não está sendo enganado.

Amor — Além das inúmeras brigas, muitas intrigas e acontecimentos misteriosos poderão perturbar a vida íntima dos casais de Áries e Escorpião. Como o ariano é muito inclinado para o sexo oposto, o ciúme poderá ser causa de desunião, pois o escorpiano, que é extraordinariamente fiel, dificilmente perdoará qualquer traição; se o nativo de Áries amar realmente o cônjuge, deverá ser constante e sincero, se não quiser perdê-lo.

A desarmonia será maior quando o ariano contrair matrimônio com um nativo de Escorpião nascido entre

11 e 21 de novembro; este decanato sofre a influência da Lua e seus nativos, além de muito afetivos, absorventes e apegados ao lar e àqueles a quem amam, estão sujeitos a crises de depressão e desânimo, o que não agrada aos arianos, que gostam que todos acompanhem seu ritmo dinâmico e seu entusiasmo juvenil e que, por seu natural egoísmo, geralmente só são bons companheiros quando as coisas vão bem.

Amizade — Para a amizade os prognósticos são melhores do que para o casamento. Devido à identidade de temperamento, proporcionada por Marte, profundas e agradáveis ligações fraternais podem acontecer entre arianos e escorpianos; no entanto, quando estas ligações se desfizerem, será de modo violento, até mesmo perigoso.

Observa-se maior harmonia quando os escorpianos nascem entre 23 e 31 de outubro, já que este decanato recebe apenas a influência de Marte. As possibilidades favoráveis poderão ser bem menores quando os arianos se ligarem a escorpianos nascidos no período que vai de 1º a 10 de novembro, período este que tem a vibração participante de Netuno, que é muito hostil a Áries e Marte; as ligações com elementos negativos deste decanato poderão fazer com que o ariano se veja envolvido em escândalos ou processos criminais por abuso de bebida ou uso de tóxicos.

Negócios — No trabalho, os escorpianos complementam bem os arianos, pois são constantes e incansáveis e não recuam diante do mais penoso esforço, físico ou mental; eles têm, porém, a mesma personalidade rebelde e independente dos nativos de Áries e isto poderá ser causa de discórdias. Se o ariano associar-se aos nativos do Escorpião, poderá ter muito lucro e proveito, mas deverá aprender a respeitá-los, ou a sociedade será violentamente desfeita, com prejuízo para os nativos de Áries.

Os escorpianos nascidos entre 11 e 21 de novembro têm grande habilidade comercial e muito tato para realizar as tarefas que exigem contato direto com o povo e o ariano terá muito sucesso ao associar-se com eles; é necessário, porém, que escolha sempre elementos positivos; Escorpião é um signo violento e os negócios poderão ter um fim abrupto e pouco agradável, seja por questões de dinheiro, seja por intrigas de subalternos ou inferiores.

ÁRIES–SAGITÁRIO. Áries é a chama que impele, movimenta e dinamiza; Sagitário é a força intelectual que ordena, classifica e utiliza. Os nativos de ambos os signos, complementando-se, podem realizar grandes obras, desde que cada um respeite o outro e não procure impor sua vontade.

Os sagitarianos são benevolentes, generosos, possuem inteligência clara e grande capacidade para ordenar e legislar. Assim como os arianos, estão capacitados para as posições de comando e direção, tanto como os nativos de Áries eles são autoritários, dominadores e exclusivistas. A superior vibração de Júpiter, que é o regente de Sagitário, torna os sagitarianos muito humanos, magnânimos e justos e sua influência é altamente benéfica para eles. É bom lembrar, porém, que Sagitário tem por símbolo um centauro, estranho ser composto por uma metade humana e outra animal; sob seu influxo nascem tanto os tipos materialistas, que são geralmente negativos, como os tipos intelectuais, quase sempre positivos e que correspondem à metade humana do Centauro. Os tipos negativos são materialistas e sensuais e os arianos devem evitá-los, pois poderão ser levados para uma vida libertina e cheia de excessos que tanto prejudicarão sua saúde como abalarão sua felicidade no lar.

Qualquer forma de associação com nativos de Sagitário, naturalmente positivos, será sempre útil, principalmente para os arianos nascidos entre 10 e 20 de abril.

Se alguém necessitar de um favor de um sagitariano, pode pedir que será atendido, desde que escolha o momento e as palavras certas. O nativo de Sagitário é generoso, mas gosta de ser tratado com muito respeito e consideração.

Amor — Os namoros, casamentos ou uniões entre arianos e sagitarianos poderão ser muito felizes, desde que ambos corrijam seus defeitos e procurem adaptar-se à vida doméstica, o que aliás é muito fácil para o nativo do Centauro, que gosta muito de carinho e conforto.

Os dois tipos astrológicos são muito egoístas e exclusivistas no amor. Não gostam que a criatura amada divida seu carinho com ninguém. Quando estão presentes exigem atenção absoluta e zangam-se à mais leve suposição de que estejam sendo preteridos por alguém, até mesmo um cachorrinho ou uma criança. Esse egoísmo ciumento dará margem a muitas brigas e discussões e a culpa tanto pertencerá aos arianos como aos sagitarianos.

Mesmo havendo forte afinidade sexual, se o casal não tiver afinidade espiritual, o que é muito importante para os nativos do Centauro, haverá perigo de separação, amigável ou judicial, a despeito de todos os aspectos favoráveis.

Amizade — A convivência fraterna entre nativos destes dois signos será bastante harmônica devido a existirem muitos pontos de interesse comum entre ambos, que apreciam a boa mesa, as boas bebidas, os esportes, a vida ao ar livre, os passeios, as viagens e as palestras cultas e agradáveis.

Os sagitarianos, freqüentemente, possuem relações de grande importância nos meios sociais, políticos ou financeiros; isto será de grande utilidade para os arianos que, por meio deles, conhecerão pessoas influentes que muito os ajudarão em seus negócios e empreendimentos.

Certos indivíduos, às vezes, são mais sensíveis à influência de um amigo do que do cônjuge ou dos familiares. Os arianos, que têm forte espírito de companheirismo e são facilmente impressionados por seus camaradas, devem manter relações de amizade somente com sagitarianos positivos, pois os negativos poderão causar-lhes muito prejuízo e aborrecimento.

Negócios — As associações comerciais estabelecidas entre nativos do Carneiro e do Centauro poderão ser muito proveitosas. A capacidade de ordenar e classificar dos sagitarianos auxiliará beneficamente o empreendedor e audacioso ariano. Sabendo respeitar o ótimo senso administrativo do nativo de Sagitário, os arianos alcançarão extraordinário êxito em seus negócios, desde que moderem seu temperamento dominador. É bom lembrar que o signo do Centauro, por sua natureza ígnea, dota seus nativos de grande personalidade; o sagitariano está sempre disposto a trabalhar e a colaborar em base de igualdade, mas jamais está disposto a se submeter a ninguém.

Os nativos destes dois signos gostam dos empreendimentos grandes e audaciosos. Ambos são entusiastas, mas não têm grande senso prático. Para que as empresas tenham êxito financeiro e tragam alegria e prestígio é necessário, antes, fazer planos cuidadosos e verificar bem os documentos necessários.

ÁRIES–CAPRICÓRNIO. Áries e Capricórnio são signos de natureza profundamente diversa e seus regentes, Marte e Saturno, são planetas igualmente opostos, que se hostilizam mutuamente. Arianos e capricornianos retratam bem essas oposições, pois enquanto os primeiros são impulsivos, dinâmicos, gastadores e inquietos, os segundos são lentos, deliberados, prudentes e econômicos.

Saturno, cuja influência é constritora e depressiva, debilita-se no signo de Áries e, por essa razão, os capricornianos parecem sempre ter certa prevenção contra os arianos; estes, porém, devem procurar conviver pacificamente com os nativos da Cabra Marinha, pois este signo tem decisiva importância em sua vida, correspondendo, em seu horóscopo fixo natal, à casa da Posição Social. Além do mais, quando arianos e capricornianos entram em choque, a desvantagem é sempre dos nativos de Áries, que têm o hábito de desprezar seus inimigos; o nativo de Capricórnio é inimigo perigoso, frio e inflexível, que não se deve desprezar, pois tem a capacidade de esperar anos para se vingar.

Os tipos negativos da Cabra Marinha poderão prejudicar grandemente os arianos que se verão envolvidos em escândalos políticos ou questões relativas a dinheiro e poderão perder propriedades ou sofrer aborrecimentos com elas, devido às complicações legais com documentos e papéis.

O capricorniano é pouco emotivo e não revela seus sentimentos; deixa-os sempre bem escondidos. Seu temperamento é seco, retraído, embora ele saiba mostrar-se amável e gentil, quando tem vontade. Se alguém precisar fazer-lhe um pedido, deverá medir bem as palavras e pedir auxílio à sorte.

Amor — Os arianos dificilmente encontrarão felicidade no casamento quando se unirem a alguém de Capricórnio. Só haverá harmonia quando ambos os nativos forem muito evoluídos, pois, via de regra, os matrimônios ou uniões serão mais determinados pelo interesse do que pelo amor.

É importante salientar, todavia, que a culpa pela infelicidade matrimonial não caberá toda ao capricorniano, que é pouco demonstrativo mas quando ama o faz com profunda e silenciosa devoção; na maioria das vezes o erro será do ariano, que não sabe compreender a natureza severa, modesta e tranqüila dos nativos de Capricórnio, que se destacam por sua prudência e extrema constância, no ódio ou no amor.

As uniões serão mais felizes quando o capricorniano tiver nascido entre 31 de dezembro e 9 de janeiro; este decanato recebe a influência participante de Vênus, o que determinará maior afinidade física entre os cônjuges.

Amizade — As relações de amizade estabelecidas entre os nativos destes dois signos, na maioria das vezes, terão um caráter superficial e também serão induzidas mais pelo interesse do que por afeição.

Para os arianos, estas amizades poderão ser extremamente úteis e afetarão positivamente sua vida. Por intermédio dos capricornianos, terão oportunidade de entrar em contato ou travar conhecimento com pessoas de influência e fortuna, que exercerão importante papel em sua fortuna e em sua carreira.

É interessante notar que no zodíaco fixo, natal, dos arianos, o signo de Capricórnio representa seu prestígio e elevação; unindo-se a elementos positivos, os nativos de Áries terão fama e riqueza mas unindo-se a tipos negativos serão destruídos. É preciso cuidado especial com os capricornianos nascidos entre 22 e 30 de dezembro: estes, quando negativos, farão imenso dano aos arianos, podendo até levá-los ao descrédito e à ruína.

Negócios — Ao se associarem comercialmente, arianos e capricornianos manter-se-ão unidos enquanto os negócios forem compensadores, pois os arianos só fazem aquilo que lhes dá prazer e prestígio e os nativos de Capricórnio só fazem aquilo que lhes dá prestígio e lucro.

Os nativos da Cabra Marinha são prudentes, metódicos, econômicos e inteligentes e, por sua incansável laboriosidade, revelam-se excelentes elementos de complementação. Associando-se a eles, o ariano deverá respeitar sua ação lenta, porém inflexível, que trará como recompensa muito lucro e satisfação. Lidando com tipos negativos, o nativo de Áries deve acautelar-se para não ser lesado por eles, especialmente os nascidos entre 22 e 30 de dezembro e entre 10 e 20 de janeiro, que sabem lidar muito bem com números, papéis e documentos. A associação com tipos positivos será imensamente proveitosa, trazendo prestígio e riqueza.

ÁRIES–AQUÁRIO. Os nativos de Aquário são criaturas de inteligência viva, com mercuriais qualidades evasivas e saturninas tendências à obstinação e ao silêncio. Independentes e rebeldes, dificilmente aceitam o domínio da vontade alheia e raramente admitem qualquer forma de sujeição, o que vem tornar bem rara a harmonia entre eles e os arianos.

No horóscopo fixo, natal, dos nativos de Áries, o signo de Aquário representa a Casa dos Amigos. Quando tipos evoluídos destes dois signos se unem, o ariano encontra, então, a companhia mental e espiritual que sempre almejou, o elemento capaz de entender seus planos audaciosos porque é capaz de conceber idéias ainda mais audaciosas; quando isso acontece; obras úteis, prestigiosas, e até mesmo grandiosas podem ser realizadas.

Há um fator, porém, que dificulta a harmonia entre arianos e aquarianos: Urano, regente de Aquário, não tem nenhuma afinidade com o signo de Áries e é hostil ao seu regente, Marte; isto se reflete nas relações entre os nativos dos dois signos, tornando-as neutras ou, então, desagradáveis.

Os aquarianos, quando negativos, são destruidores, frios, perversos e nada afetuosos. E os arianos devem evitar associar-se com eles, principalmente com os nascidos entre 30 de janeiro e 9 de fevereiro; este decanato é influenciado por Mercúrio, que sempre traz prejuízos aos nativos de Áries.

O nativo de Aquário é compreensivo, universalista e não admite preconceitos sociais ou raciais. Sua natureza é generosa e raramente ele deixa de atender aos pedidos que lhe são feitos; o difícil é chegar-se até ele, pois seu temperamento é retraído e, embora amável, ele é pouco sociável.

Amor — Aquário dá aos seus nativos uma estranha e magnética personalidade, tornando-os inconvencionais e atraentes. Por essa razão, eles costumam fascinar os arianos, que gostam de tudo quanto é diferente. Há, todavia, poucas promessas de estabilidade e harmonia, porque, passado o primeiro impacto amoroso, o ariano dificilmente suportará o rebelde e independente aquariano.

O nativo de Aquário tem uma noção de moral um pouco diferente da comum: quando ama sabe respeitar os laços matrimoniais, mas nunca se condena a uma união onde não exista o carinho mútuo; e ele abandona o cônjuge sem o menor remorso. Em razão do espírito auto-suficiente, da silenciosa teimosia e das agressivas e apaixonadas explosões temperamentais dos arianos, a vida doméstica não será harmoniosa e o casamento poderá acabar em separação, amigável ou legal. Os melhores aspectos se verificarão quando o nativo de Áries unir-se a um aquariano nascido entre 9 e 19 de fevereiro, período que recebe a influência participante de Vênus.

Amizade — No que se refere às amizades, as relações entre aquarianos e arianos oferecem maiores probabilidades favoráveis. Como não existem interesses comuns em jogo e os nativos estão ligados, apenas, por laços fraternais, desaparecem os antagonismos, os choques de personalidade são menos freqüentes e ficam apenas os pontos de afinidade, mental ou espiritual.

Para a posição social dos nativos de Áries, o signo de Aquário é tão importante quanto o de Capricórnio. Por intermédio dos aquarianos, os arianos poderão ter a proteção de pessoas poderosas, que serão de grande benefício para seus negócios e seu prestígio pessoal.

É muito perigosa a convivência com aquarianos negativos, principalmente os nascidos entre 21 e 29 de janeiro. Esse decanato recebe a influência pura de Urano e seus nativos inferiores são frios, perversos e destruidores e poderão induzir os arianos a vícios e perversões, ou complicá-los em questões políticas.

Negócios — Boas associações poderão surgir entre nativos destes dois signos, principalmente se suas atividades estiverem ligadas à arte, às pesquisas científicas ou à industria, especialmente a eletrônica.

Os negócios terão grande sucesso e alcançarão grande desenvolvimento em pouco tempo, mas as finanças serão sempre instáveis. A impetuosa imprudência dos arianos e o desprendimento dos aquarianos, que amam mais a obra do que o lucro, freqüentemente não ajudarão a resolver os problemas monetários. Estes dois tipos astrológicos sairão de suas empresas com mais fama do que riqueza.

Os aquarianos negativos, nascidos no segundo decanato de Aquário, entre 30 de janeiro e 8 de fevereiro, poderão causar aos arianos prejuízos por meio de papéis ou documentos. Outros tipos negativos deste signo, nascidos entre 21 e 29 de janeiro, poderão conduzir os arianos a práticas imorais, que prejudicarão sua posição social e seus negócios.

ÁRIES–PEIXES. Peixes é um signo de natureza dual e seus nativos pertencem a dois tipos. Uns são vaidosos, alegres, afetivos ao extremo e muito apegados ao lar e à família; gostam da vida social e dos pequenos prazeres materiais. Outros são modestos, reservados, caritativos e desprendidos, não dando importância a roupas, jóias, festas, passeios, como seus outros irmãos de signo. Os tipos negativos são perigosos, moralmente perversos e se inclinam para a bebida ou o uso de tóxicos; alguns são geniosos, rebeldes, intrigantes e destrutivos.

Os piscianos são excelentes elementos de complementação tanto por sua clara inteligência como por sua natureza cordata, sempre pronta a colaborar. Possuem um elevado espírito de sacrifício e são extremamente amáveis e prestativos. Os arianos gostam de tê-los ao seu lado, em virtude de que são alegres e gentis e estão sempre prontos a perdoar e a submeter-se à vontade alheia, desde que seja em benefício de alguma causa importante.

Os nativos de Áries devem esforçar-se por compreender e seguir os ideais fraternos e universalistas dos piscianos, que jamais recorrem à força para conseguir o que desejam, mas estão sempre prontos para lutar em benefício dos outros. Imitando-os em seus pontos positivos, poderão aprender a utilizar melhor a apaixonada e criadora flama que os ilumina interiormente, pois o zodíaco, o cósmico caminho da evolução, abre sua mística ronda a 21 de março, com o signo de Áries, encerrando-a 365 dias depois, justamente com o signo de Peixes.

O pisciano é extremamente humano e está sempre disposto a ajudar todos os seus semelhantes. Quem precisar de seu auxílio, não precisa escolher palavras ou momentos favoráveis para consegui-lo; basta pedir.

Amor — As uniões entre nativos do Carneiro e dos Peixes nunca trarão felicidade para ambas as partes: o ariano não poderá, com raras exceções, integrar-se numa vida calma e tranqüila, devotada ao lar e à família, embora, à sua maneira, ele ame extremamente os seus. O pisciano, por sua vez, nunca viverá feliz ao lado dos inquietos e turbulentos arianos.

Os nativos de Peixes são extremamente sensíveis e têm o dom de sentir quando estão sendo traídos; o ariano, quando gostar de alguém nascido sob este signo, deve procurar ser constante e sincero, pois tudo o que fizer de errado acabará sendo descoberto e o casamento poderá terminar em separação.

Os casamentos mais harmônicos acontecem quando os nativos de Áries se unem a piscianos nascidos no terceiro decanato de Peixes, entre 11 e 20 de março: este período sofre a influência participante de Marte e seus nativos, tendo uma natureza mais enérgica, melhor se adaptam aos arianos.

Amizade — Não existe nada de muito significativo no que se refere às amizades entre arianos e nativos de Peixes, a não ser entre elementos positivos e evoluídos; nesse caso, o ariano terá oportunidade de aperfeiçoar-se, absorvendo as superiores qualidades que o signo dos Peixes oferece a seus nativos.

Cabe, porém, apontar aqui um aspecto muito interessante. No horóscopo fixo dos arianos, Peixes corresponde à Casa das Prisões, Inimigos e Mistérios. Os arianos devem, portanto, evitar sempre a companhia de piscianos negativos, porque eles representam o lado oculto e negro de seu destino. As amizades com esses elementos poderão fazer com que o nativo de Áries veja sua felicidade destruída, seus negócios abalados e sua posição social prejudicada. Certos acontecimentos, ligados ao tráfico ou uso de tóxicos, alcoolismo, perversão sexual e práticas imorais, poderão determinar tanto o afastamento da família como, também, prisões ou penalidades legais.

Negócios — Os nativos de Peixes podem dedicar-se a inúmeras profissões, com muito êxito, pois são inteligentes e intuitivos. Não têm, todavia, muita habilidade comercial e não sentem o mesmo ardente desejo de fortuna e poder que sempre impele os arianos. São excelentes elementos de complementação, mas não gostam de empreendimentos audaciosos ou batalhas grandiosas; preferem viver calmamente, sem grandes lucros mas, também, sem grandes responsabilidades. Por todas estas razões, que não se harmonizam com seu dinamismo e ambição, os arianos logo desfarão qualquer vínculo comercial que estabelecerem com eles.

Os piscianos mais capacitados para as lutas comerciais ou financeiras são os nascidos entre 1º e 10 de março. Este decanato recebe a influência participante da Lua, que traz popularidade e dinheiro mas que, em seu aspecto negativo, é maliciosa e trapaceira, sendo inimiga de Áries e Marte.

MARTE, O REGENTE DE ÁRIES

Marte, o planeta que mais desperta a curiosidade do homem, com seus mares e seus misteriosos canais, refletindo em tom rubro a cor do Sol, parece justificar as qualidades de agressividade, belicosidade e audácia que lhe são atribuídas. É um planeta identificado com a guerra, a morte, o sangue, a violência e a dor. Os nomes de seus dois satélites, Deimos e Fobos, o Terror e o Medo, também parecem simbolizar suas qualidades.

Dominando sobre o signo de Áries, Marte imprime fortemente suas vibrações, fazendo aumentar, de modo extraordinário, as tendências naturais da Casa zodiacal do Carneiro. Sua natureza, idêntica à de Áries, vem marcar com maior intensidade a personalidade dos arianos.

É um planeta de polaridade masculina, positiva, de natureza ígnea e de constituição quente e seca. É o último dos planetas mais próximos do Sol; depois dele está a estranha faixa de asteróides que estabelece o limite além do qual estão os planetas mais lentos e pesados:

Saturno, Júpiter, Urano, Netuno e Plutão. O Sol e demais planetas colocados dentro da linha dos asteróides proporcionam, ao homem, o poder de viver, gerar filhos, alimentar-se e defender-se. Eles têm, também, vibrações elevadas e superiores, que só são captadas pelos tipos astrológicos evoluídos e positivos.

Os arianos podem receber apenas as vibrações grosseiras de Marte, que domina sobre a energia sexual, como podem absorver toda a tremenda potencialidade energética que ele irradia, fluido superior que dinamiza, impele, vitaliza e atualiza por meio da transformação e da purificação determinada pelo elemento fogo. Justamente por suas qualidades violentas e transformadoras, Marte, assim como Saturno, é considerado um planeta maléfico. Isto é bastante injusto. As irradiações marciais são tão benéficas quanto qualquer outra; maléficas são as conseqüências que seus protegidos têm de sofrer quando erram e isso se aplica tanto aos arianos como aos escorpianos, cujo signo é regido também por Marte.

Obedecendo as induções marciais, os arianos são irrefletidos, impulsivos e quase nunca seguem os conselhos da razão e do bom senso. Agem sempre movidos por seus impulsos e desejos ou, então, são impelidos pelas necessidades de momento ou premidos por problemas financeiros.

Nenhum planeta induz à mesma atividade que Marte e os arianos se distinguem por seu exagerado ardor, por seu extremismo no ódio, no amor, nos divertimentos ou nos negócios, nas amizades ou inimizades. O autoritarismo e o instinto dominador também são proporcionados por este planeta e os arianos têm, de sobra, essas duas características marciais; não obedecem a ninguém, mas exigem, sempre, obediência absoluta; não admitem interferências em seus negócios, públicos ou privados, mas estão sempre dispostos a interferir nos negócios e problemas alheios; possuindo uma exagerada consciência do seu próprio eu, subordinam, protegem e comandam todos aqueles que estão sob sua responsabilidade.

Os arianos que recebem as superiores influências de Marte são heróicos, desprendidos, orgulhosos e altruístas. São capazes de arriscar vida e fortuna por qualquer causa que lhes pareça nobre e digna. Possuem especial consideração pelos fracos e desprotegidos. Resguardados apenas pela heróica armadura do idealismo, estão sempre prontos a lutar por qualquer um que busque seu auxílio. Amam as crianças, protegem os velhos e não admitem que ninguém magoe ou maltrate os animais. Eles parecem emanar forte magnetismo, pois sua presença espalha vitalidade e energia. Marte, com seus influxos superiores, faz com que os arianos tenham a justiça por ideal e a perfeição como sua meta.

Os influxos menos harmônicos de Marte determinam os heróis da força bruta, os valentes lutadores e esportistas, os audaciosos aventureiros, os modernos cavaleiros andantes, que tanto se satisfazem dirigindo um carro em alta velocidade como caçando numa mata, a cinco quilômetros do asfalto ou gritando desaforos para o juiz, num campo de futebol.

A fim de dar vazão à sua energia, os arianos sentem necessidade de coisas ruidosas, movimentadas e cheias de ação; e estas são mais facilmente encontradas na rua do que na tranqüilidade do lar ou no relativo sossego de um escritório. Por essa razão não são muito amantes da vida doméstica, respirando, satisfeitos, quando fecham atrás de si a porta da rua e saem rumo à liberdade, mesmo que ela se traduza, apenas, por meia hora de bate-papo na esquina ou na porta de um cinema. Por este seu desejo de movimento e agitação podem ser encontrados nos bares, cafés, restaurantes, ruas cheias de gente e campos esportivos. As atividades esportivas, em caráter amador ou profissional, costumam atraí-los quando, além da oportunidade de exercitarem sua força e habilidade, ainda lhes oferecem a atração do perigo. Preferem, por isso, o boxe, a esgrima, a equitação, o pólo, a luta livre, o levantamento de peso, etc.

Os tipos inferiores não têm sutileza nem diplomacia e reflexão, e caminham em linha reta ao encalço de seu alvo, preferindo antes usar a força do que fazer qualquer acordo. São arrogantes, dispersivos e destituídos de firmeza. Não têm capacidade para nenhum trabalho intelectual, pois seus centros de emoção, percepção e sensibilidade são embotados. Inclinam-se, portanto, para os trabalhos que requerem grande atividade ou esforço físico ou, ainda, para as ocupações onde estejam presentes o sangue, a violência, a dor e o ruído. Tanto podem ser pedreiros, britadores, trabalhadores de estradas, dinamitadores, condutores de máquinas pesadas, mecânicos, ferreiros e soldadores, como podem ser guardas de prisões, enfermeiros de hospícios, açougueiros, funcionários de matadouros, ou empregados em indústrias especialmente de maquinaria pesada, fundição, etc.

Os tipos superiores podem ser advogados brilhantes, escritores eméritos, engenheiros e construtores de grandes obras, líderes populares, soldados destemidos, políticos eminentes, médicos e cirurgiões de grande capacidade ou artistas cujas obras são de concepção superior e realista.

Como bem se pode observar, enquanto os influxos elevados de Marte conduzem ao heroísmo, ao idealismo, à arte superior, ao desejo de proteção aos fracos e necessitados, à busca constante de novos rumos e novas realizações, dando, enfim, uma motivação nobre ao desejo de ação e movimento, seus raios inferiores inclinam à brutalidade, à violência, ao sensualismo grosseiro e à destruição.

Simbolismo das cores

As cores de Marte são o púrpura, o carmesim, o vermelho e o escarlate, ou vermelho vivo. Existe aqui uma significativa ligação entre Marte, Áries e o Homem. Marte domina sobre Áries, o primeiro signo zodiacal, que misticamente representa o homem recém-criado; a cor de Marte é rubra e, em hebreu, vermelho se traduz por *Adão*, o primeiro homem. No simbolismo heráldico essa cor, que se chama *goles*, é indicadora das virtudes espirituais que o homem terá de adquirir em seu longo caminho evolutivo que se inicia no primeiro signo zodiacal, que é Áries.

Marte e o signo do Carneiro proporcionam poder recuperativo, vitalizante e cicatrizante; a cor vermelha tem comprovado efeito energético, de recuperação e reconstrução, exercendo forte influência sobre o corpo humano. Sendo excitante, ela determina coragem, força e audácia e é altamente recomendada para as pessoas tímidas ou fisicamente débeis.

Os tons de vermelho nunca devem ser adotados numa vestimenta completa, pois dinamizam, negativamente, a parte grosseira dos sentimentos e emoções; essa cor deve ser utilizada, somente, em detalhes do vestuário, tais como gravatas, lenços ou enfeites. As feridas cicatrizam-se quando expostas à sua vibração marcial. A vitamina A fixa-se rapidamente no organismo: diante da cor rubra, as pessoas anêmicas logo se fortalecem quando a usam, pois o vermelho enriquece os glóbulos sangüíneos.

O vermelho, o carmesim e o escarlate são tons energizantes que simbolizam o Fogo, o Espírito e o Amor Divino. Nas roupas sacerdotais, tanto da antiguidade como de hoje, o vermelho aparece com freqüência, juntamente com o púrpura, o violeta e o roxo, que são suas combinações com o azul. Segundo o Êxodo, Deus ordenou a Moisés que fossem azuis, púrpura e carmesim os estofos usados, juntamente com linho branco, para ornamentar o Tabernáculo e fazer as vestes litúrgicas de Aarão e seus filhos.

O vermelho ainda representa as vibrações inferiores de Áries e Marte, não devendo, por isso, ser usado em excesso. No Apocalipse, São João vê a Besta vestida com roupagens rubras e, na Igreja Católica, Satanás se veste de vermelho, como se ambos, a Besta e o Anjo Mau, refletissem a face destruidora, materialista e brutal de Áries e Marte.

O vermelho e o carmesim são as melhores cores para os arianos do primeiro decanato, nascidos entre 21 e 30 de março. O amarelo e o laranja são tons muito benéficos para os arianos do segundo decanato, 31 de março a 9 de abril, pois pertencem ao Sol, que influencia esse período. O amarelo simboliza a Iniciação nos mistérios divinos. A vitamina B emite ondas amarelas e esta cor é usada, na cromoterapia, para obter-se sua rápida fixação no organismo. O tom laranja representa o Espírito Santo e é tão usado na religião cristã como o foi, antigamente, pelos sacerdotes pagãos, principalmente de Júpiter e Apolo. Este tom traz o equilíbrio interior, quando o desgaste mental é muito grande. Para os que realizam trabalhos intelectuais, a cor laranja intensifica a energia vital que é, então, utilizada pelo cérebro, compensando o desgaste. É excelente para os tímidos e nervosos, pois traz decisão e firmeza, em virtude do vermelho que entra na sua composição.

Para os que nascem no terceiro decanato, entre 10 e 20 de abril, o púrpura, o violeta e o azul são tons muito favoráveis, sendo que os dois últimos pertencem a Júpiter, que influencia esses dez dias. O púrpura, o violeta e o roxo são mesclas de azul e vermelho e simbolizam as virtudes espirituais, o amor divino, a fé triunfante, o sacrifício e o martírio. Jesus e os altares religiosos, na Semana Santa, apresentam-se cobertos com panos roxos, indicando o martírio pela fé, seu sacrifício por amor e a sublimidade de Suas virtudes espirituais. Esses tons favorecem a evolução do indivíduo. O azul é cor sedativa, acalma os nervos e suaviza muito as violentas qualidades induzidas por Marte e Áries.

A magia das pedras e dos metais

As pedras preciosas de Marte e Áries são a ametista, o diamante e o rubi. A ametista é uma variedade de quartzo, de tom violeta, altamente favorável para aumentar a vitalidade e dar resistência contra o cansaço, o esgotamento e o torpor da bebida. Segundo as antigas tradições, a ametista traz fortuna e paz interior. O diamante, o mais duro e límpido de todos os minerais, acentua o orgulho e a autoconfiança; segundo a lenda, ele proporciona amor, franqueza e decisão. O rubi dá, a quem o usa, elegância, beleza e confiança.

As pedras de Marte e Áries são favoráveis para todos os arianos. Os que nascem no segundo decanato, entre 31 de março e 9 de abril, podem usar principalmente o diamante ou o rubi, que pertencem também ao Sol. Os nativos do terceiro decanato, entre 10 e 20 de abril, além das pedras de Marte e Áries, podem preferir, se o desejarem, a safira azul, que é pedra de Júpiter e traz muita fortuna, além de purificar os sentimentos e as emoções.

O ferro é o metal pertencente a Áries e Marte. Segundo a lenda, o ferro dedicado a Marte jamais se enferruja, quebra ou enegrece. Esse metal deve ser usado com cautela, pois ele aumenta a sede de domínio e poder e brutaliza as criaturas. Deve, porém, ser utilizado pelos que desejam desenvolver a força física ou aumentar a vitalidade, podendo ser usado em pulseiras, anéis, ornamentos e decoração interna.

A mística das plantas e dos perfumes

Pertencem a Marte todas as plantas picantes, ácidas e fortes, tais como a cebola, o alho, o rabanete, o cardo e a urtiga. Também sob sua influência, e a de Saturno, estão todas as plantas mortalmente venenosas.

Todas as resinas também lhe pertencem, sendo as mais benéficas a mirra e a resina extraída do aloés, que antigamente era usado para perfumar e preservar os corpos dos mortos, retardando sua decomposição. A tuberosa pode fornecer essência para perfume que é altamente favorável aos nativos de Áries.

Os arianos nascidos entre 31 de março e 9 de abril podem utilizar, favoravelmente, os aromas de acácia e da angélica. Os nascidos entre 10 e 20 de abril serão beneficiados se usarem a essência de rosas ou o sândalo. Também o loureiro e a oliveira são favoráveis a todos os arianos, porque pertencem ao Sol e têm uma irradiação extraordinariamente favorável.

O uso das plantas tanto pode ser em arranjos, em vasos, em forma de essência ou, ainda, plantando-as num canto do jardim ou do quintal. As defumações, naturalmente sem finalidade religiosa, apenas para aromatizar o ambiente, são muito favoráveis se forem usadas flores secas e resinas favoráveis. A defumação aromatizante, feita na casa dos arianos, trará paz, harmonia e tornará o ambiente magnético, atraindo amigos, alegria e fortuna.

MARTE E OS SETE DIAS DA SEMANA

Segunda-Feira

A Lua, regente do signo de Câncer, é que domina sobre a segunda-feira. Câncer é um signo de água e este dia, portanto, pertence ao móvel e psíquico elemento que é responsável pelas fantasias, sonhos e crendices e que favorece as aparições e as comunicações com os nossos ancestrais. Sendo Câncer um signo passivo e a Lua um elemento de força passiva, ou feminina, a segunda-feira é um dia onde todos sentem suas energias diminuídas; como bem diz o povo, é o "dia da preguiça".

Acontece que este dia domina sobre atividades importantes, que nada têm de preguiçosas, relacionando-se com a alimentação e diversão do povo. Circos, parques de diversão, teatros, cinemas, feiras, mercados, portos de mar, alfândegas, entrepostos de pesca, são locais que estão sob a vibração lunar. Nas segundas-feiras os arianos devem evitar negócios importantes, a não ser que estes estejam diretamente ligados a alguma atividade lunar.

Terça-Feira

A terça-feira é regida por Marte sendo, portanto, o dia mais favorável para os arianos. Não obstante, deve-se agir com cautela, pais este dia possui fortes vibrações, tanto maléficas como benéficas.

A terça-feira é favorável para consultar médicos, cirurgiões, dentistas, oculistas, etc. É benéfica, também, para qualquer operação, principalmente na cabeça, queixo, boca, ouvidos, olhos, nariz e fígado. Também é propícia para o início de qualquer tratamento de saúde, em virtude do grande poder energizante de Marte, que age beneficamente sobre todas as coisas ligadas à saúde e à conservação do corpo físico.

Nas terças-feiras podem ser tratados todos os negócios que tenham ligação com pessoas de alta posição: militares, homens do governo, chefes de empresa, industriais, engenheiros, etc. Também podem ser iniciadas ou planejadas todas as atividades ligadas às profissões induzidas por Áries e Marte.

Neste dia podem surgir discórdias no lar, sendo aconselhável manter a calma e evitar discussões. Assuntos amorosos podem trazer aborrecimentos, assim como papéis e documentos, que poderão ser causa de preocupações ou prejuízos. Devem ser evitados os excessos e os arianos devem ter cautela, pois este dia carrega vibrações que aumentam as naturais tendências arrojadas, agressivas e irrefletidas, próprias do signo de Áries e de Marte.

Nas terças-feiras não é aconselhável comprar objetos para uso doméstico, jóias, roupas, calçados, etc., devendo-se adiar essas compras para as quintas-feiras. Tudo o que for adquirido na terça-feira está sujeito a romper-se ou quebrar-se facilmente. Marte favorece apenas a compra de máquinas, grandes ou pequenas, e motores de toda espécie.

Quarta-Feira

Mercúrio, o plástico, pequenino e ágil planeta, que é o mais próximo vizinho do Sol, não tem afinidade com Marte. Urano, que divide com Mercúrio a regência das quartas-feiras, também não se harmoniza com Marte e com Áries. Devem, pois, os arianos, agir com cautela nesse dia, se não quiserem ter prejuízos, principalmente financeiros; os arianos devem tratar somente dos assuntos ligados a Mercúrio e Urano e deixar as atividades de Marte para um dia mais favorável.

Urano domina sobre a eletrônica, o rádio, a televisão, o automobilismo, a astronáutica, a aeronáutica e todas as atividades onde intervenham a eletricidade, o movimento mecânico, as ondas de rádio e todas as formas de vibração mental, especialmente a telepatia.

Mercúrio é o senhor da palavra, escrita ou falada, e protege as comunicações, os documentos, cartas, livros, publicações e escritos de toda espécie. Rege, também, o jornalismo, a publicidade e as transações comerciais. A quarta-feira, ainda, é propícia às viagens, pois Mercúrio governa todos os meios de locomoção, exceto os aéreos, que estão sob a regência de Urano.

Quinta-Feira

Júpiter, o benevolente e hierárquico senhor de Sagitário, é quem domina sabre as quintas-feiras, favorecendo tudo o que diz respeito às relações humanas, desde que não sejam transações comerciais.

Ele protege beneficamente os noivados, namoros, festas, casamentos, reuniões sociais, comícios políticos, conferências, concertos, etc. Também sob sua regência estão todas as coisas relacionadas com o Poder e o Direito. Pode-se, pois, nas quintas-feiras, tratar de assuntos ligados a juízes e tribunais ou que estejam afetos ao governo, ao clero ou às classes armadas. Também estão sob sua proteção os professores, os filósofos, os sociólogos, os cientistas, os economistas e os políticos.

Júpiter não se harmoniza com Marte, mas participa na regência do signo de Áries. Os arianos podem tratar, com cautela, dos assuntos protegidos por seu signo e seu planeta que, com um pouco de prudência, poderão ter êxito. As atividades relacionadas com Marte e Áries devem ser tratadas também com cuidado, para que tenham sucesso. Este dia é bastante favorável apenas para os arianos nascidos no terceiro decanato, entre 10 e 20 de abril, período que recebe a influência participante de Júpiter.

Sexta-Feira

A regência das sextas-feiras está dividida entre Vênus e Netuno. Embora Vênus tenha relativa afinidade com Marte e Áries, esse dia não é favorável aos arianos devido às vibrações netunianas, que são muito hostis.

Vênus domina sobre a beleza e a conservação do corpo. A sexta-feira é favorável para comprar roupas e objetos de adorno, para cuidar dos cabelos ou tratar de qualquer detalhe relacionado com a beleza e a elegância, masculina ou feminina. É um dia muito próprio para festas, reuniões sociais ou encontros com amigos. Protege, também, os namoros, noivados, as artes e atividades artísticas; e os presentes dados ou recebidos neste dia são motivo de muita alegria, sejam eles flores, bombons, objetos de adorno ou de decoração, roupas, livros, etc.

Nas sextas-feiras, os arianos poderão tratar dessas atividades venusianas com bastante êxito, se souberem agir com prudência, pois este dia também conta com as vibrações de Netuno, que são hostis a Áries e Marte.

Netuno, o misterioso senhor dos abismos marinhos, onde a luz não penetra, é o regente do signo de Peixes que, no horóscopo fixo dos arianos, representa a Casa dos inimigos ocultos, das prisões e dos mistérios, e as ações impensadas ou erradas que os arianos praticarem hoje poderão ter conseqüências desagradáveis. Nas sextas-feiras devemos procurar agir com generosidade e bondade, a fim de captar as boas influências de Netuno, pois ele domina sobre a pobreza, a miséria e a doença, regendo, portanto, a caridade, a filantropia e o serviço social.

Sábado

O frio e constritor Saturno, filho do Céu e da Terra, não se harmoniza com o turbulento Marte e se debilita no signo de Áries, não sendo o sábado um dia muito favorável aos arianos, que devem tratar somente das coisas favorecidas por Saturno, deixando para momento melhor as atividades do seu signo e do seu planeta.

A vibração saturnina beneficia os lugares sombrios ou fechados, tais como cemitérios, minas, poços, escavações e laboratórios, ou os locais de punição, sofrimento, recolhimento ou confinamento, como cárceres, hospitais, claustros, conventos, hospitais de isolamento, etc. A lepra, as feridas e chagas, a sarna e todos os males de pele lhe pertencem e o sábado é bom dia para iniciar ou providenciar seu tratamento.

Este planeta também domina sobre a arquitetura severa e a construção de edifícios para fins religiosos, punitivos ou de tratamento, como igrejas, claustros, conventos, tribunais, penitenciárias, orfanatos, asilos, casas de saúde, etc. A ele estão ligados, também, os estudos profundos, como a Matemática, a Astronomia, a Filosofia e, também, as Ciências Herméticas. Como filho do Céu e da Terra, ele é, ainda, o regente dos bens materiais ligados à terra: casas, terrenos e propriedades, na cidade ou no campo, sendo favorável para a compra ou venda dos mesmos.

Domingo

O domingo favorece muito os arianos, pois o Sol, que é o regente deste dia, tem suas qualidades intensificadas e dinamizadas no signo do Carneiro. O Sol é o planeta da luz, do riso, da fortuna, da beleza e do prazer e está sob sua influência tudo o que é original, belo, festivo, extravagante, confortável e opulento.

No domingo pode-se pedir favores a pessoas altamente colocadas, solicitar empréstimos ou tratar de qualquer problema financeiro. Pode-se, com êxito, pedir proteção ou emprego a altos elementos da política, do clero ou das finanças. É um dia que inclina à bondade, à generosidade e à fraternidade, sendo, portanto, benéfico para visitas, festas, reuniões sociais, conferências, noivados, namoros e casamentos. Favorece, ainda, a arte e todas as atividades a ela ligadas, e as jóias e pedras preciosas e as antiguidades de alto valor, dominando sobre a compra e venda e a realização de exposições, amostras, concertos, etc.

No domingo, os nativos de Áries tanto podem lidar com problemas relacionados com o Sol como com os assuntos ligados ao seu signo e seu planeta. Este dia é especialmente propício para os arianos nascidos entre 31 de março e 9 de abril, decanato que é governado pelo Sol.

MITOLOGIA

Áries

Para recordar a lenda de Áries, vale bem mergulhar mais ainda no fabuloso tesouro da mitologia grega e chegar até um episódio curioso, que é a versão grega do dilúvio.

Prometeu, o deus do Fogo, era um titã, filho de Urano. Foi o criador da raça humana, pois fez um homem de barro e deu-lhe uma alma feita do fogo celeste, que roubou aos deuses. Foi severamente torturado por Júpiter, que mandou amarrá-lo a um rochedo do Cáucaso e ordenou a uma águia que lhe comesse o fígado, que assim que era devorado tornava a renascer. Hércules finalmente libertou Prometeu que, segundo alguns mitólogos, casou-se com Tétis, uma formosa oceânide, que lhe deu um filho, Decaulião.

Júpiter, zangado porque os homens estavam degenerados, resolveu afogar a raça humana. Sabendo disso, Decaulião construiu um pequeno barco e nele se refugiou com Pirra, sua mulher. Júpiter fez as chuvas desabarem torrencialmente, alagando tudo, só deixando a descoberto uma pequena montanha na Fócida, onde o barco de Decaulião aproou. Quando as águas desceram, desolados por verem a terra deserta, Decaulião e Pirra foram ao templo da deusa Têmis consultar o oráculo que lhes disse: — Saí do templo, velai o rosto e atirai para trás os ossos da vossa avó. — Depois de muito meditar, Decaulião compreendeu que a Terra era a mãe comum e as pedras eram seus ossos. Assim, ele e Pirra apanharam muitas pedras e as atiraram para trás; as suas se transformaram em homens e as de Pirra em mulheres, repovoando-se, outra vez, a Terra.

Decaulião teve um filho, Éolo, que foi rei do Tirro e se casou com Amfitéa, outra divindade marítima. Dessa união nasceu Atamas, que se tornou rei de Tebas, casando-se com a ninfa Néfele, que lhe deu dois filhos: Erixo e Hele. Mais tarde, Atamas separou-se de Néfele, que se refugiou no bosque sagrado de Baco e casou-se com Ino, formosa filha de Hermione, uma das Atlântidas e filha de Marte e Vênus. Depois do casamento, Ino sentiu criminoso amor pelo atraente Frixo, que a repeliu. Enraivecida, como Tebas estivesse sendo assolada por terrível seca, Ino disse a Atamas que aquele mal só cessaria se Frixo e Hele fossem sacrificados a Júpiter.

Sabendo do perigo, Frixo tentou fugir com sua irmã, mas ambos foram aprisionados. Já iam sendo conduzidos para o sacrifício quando Néfele, que viera em socorro dos filhos, transformou-se em nevoeiro, envolvendo-os; libertou-os e deu-lhes um carneiro cujo pelo era de ouro refulgente, a fim de que o montassem e fugissem da Europa para a Ásia.

Frixo e Hele obedeceram, mas quando o carneiro voava sobre o mar, atravessando o estreito que separava a Trácia da Tróade, Hele caiu no mar, afogando-se. Frixo tentou salvá-la, mas não conseguiu. Exausto, montou novamente o carneiro e se dirigiu à Cólquida, província da Ásia, junto ao Mar Negro. Depois de ter sido acolhido por Eetes, filho do Sol, Frixo sacrificou o carneiro a Júpiter. O animal foi esfolado e seu precioso pelo, ou velo de ouro, foi depositado em uma árvore, num campo consagrado a Marte. Touros com pés de bronze, que vomitam chamas pelas narinas, e um monstruoso dragão, ficaram a guardá-lo, noite e dia.

Estes, porém, apossou-se do velo de ouro e matou Frixo. Revoltados, os príncipes da Grécia se reuniram, resolvidos a vingar Frixo e a recuperar o precioso velo. Foi construído um navio, que recebeu o nome de Argos, e nele embarcaram os vingadores, chefiados por Jasão, que era primo de Frixo. Os argonautas, como foram chamados os guerreiros, eram cinqüenta e dois e entre eles estavam Orfeu e sua lira, o destemido centauro Êurito, Hércules, filho de Júpiter, Eumedonte, filho de Baco, Anceu, Ergino, Efeu e Náuplio, filhos de Netuno, Filâmon, filho de Apolo e Aetálides e Equíon, filhos de Mercúrio.

A viagem foi cheia de tropeços; escolhos traiçoeiros, que vogavam sobre as águas, tentaram despedaçar o Argos, mas Netuno fixou os escolhos e salvou os argonautas; Tétis e suas três mil filhas, chamadas Oceânides, ajudaram o navio a passar entre Cila e Caribde, os dois fatais abismos marinhos no Adriático; as sereias quiseram aprisionar os guerreiros mas Orfeu, com sua lira divinal, conseguiu acalmá-las.

Chegaram finalmente a Aea, capital da Cólquida. Juno e Minerva, que protegiam Jasão, fizeram com que Medéia, filha do rei Eetes, se apaixonasse por Jasão e o ajudasse a reconquistar o velo de ouro que seu pai roubara. Para entregar a preciosa presa, Eetes exigiu que Jasão subjugasse dois dos touros com pés de bronze, atrelasse esses animais a uma charrua feita de diamantes e arasse o campo consagrado a Marte; em seguida, deveria Jasão plantar ali dentes de dragão, dos quais nasceriam soldados armados, que ele teria de combater e matar e, finalmente, exterminar o dragão que guardava o velocino de ouro.

Jasão concordou e, com o auxílio de Medéia, executou todas as tarefas. O falso Eetes ainda tentou impedi-lo de levar o precioso velocino, mas Jasão conseguiu escapar, levando o tosão de ouro e também Medéia. Com seus cinqüenta e dois companheiros, Jasão retornou finalmente à Tessália, onde o navio Argos foi consagrado a Netuno. Argos, juntamente com o carneiro de ouro, foi imortalizado pelos deuses e estão ambos no céu, em duas constelações: Áries, a primeira do zodíaco, e Argos, hoje dividida em quatro partes.

Marte

Saturno e Réia, que nasceram da união de Urano, o Céu, e Vesta ou Titéia, a Terra, tiveram vários filhos, entre eles Netuno, Plutão e Júpiter, que foi chamado "Pai dos Deuses" e que se casou com Juno, sua irmã gêmea. Marte nasceu dessa união e quem o educou e ensinou a guerrear foi Priapo, filho de uma ninfa chamada Naiás.

Teve inúmeras e turbulentas aventuras, amorosas e épicas. Apaixonou-se por Vênus, que segundo uns era filha de Júpiter e Dioméia, segundo outros nasceu da espuma do mar, misturada com o sangue de Urano, que caiu sobre a Terra quando esse deus foi emasculado por Saturno, seu filho. Dessa união nasceram dois rebentos: Deimos e Fobos, o Terror e o Medo. Amou a formosa Réia Sílvia que também lhe deu dois filhos, Rômulo e Remo, os fundadores do povo romano. Era o deus da guerra e da violência e nas batalhas fazia-se acompanhar por Ago, o Combate, Éris, a Discórdia, e Ênio e os

Queres, divindades do morticínio. Belona, sua mulher, cujos cabelos eram serpentes, pois ela nascera de uma família de monstros à qual pertenciam as Górgonas, era quem atrelava e conduzia o carro de batalha do deus. Mesmo nas lutas mais violentas, ladeada por Fobos e Deimos, Belona acompanhava Marte, com as serpentes de seus cabelos silvando, os olhos em chamas e brandindo o chicote sangrento, com que fustigava os cavalos impiedosamente. A Fama, divindade alada, seguia o carro chamando, com sua trombeta, a Vitória ou a Derrota. Nas batalhas de Marte somente a Vitória atendia ao chamado da Fama.

Na Trácia, na Beócia, na Lacônia e na Ática era adorado e os atenienses lhe consagraram o rochedo vizinho da Acrópole, que tomou o nome de *Areópago* (colina de Ares). Seu culto, porém, foi maior em Roma do que na Grécia. Desde o reinado de Numa foram-lhe dedicados templos e sacrifícios especiais. Seu mais célebre templo foi o que Augusto construiu em sua honra e onde era adorado com o nome de Marte Vingador. No Campus-Martius foi-lhe dedicado um altar e além da Porta Capena havia um majestoso templo que lhe pertencia. Na Régia, morada dos imperadores, havia o famoso Sacrário de Marte e César Augusto deu maior força a seu culto, dando-lhe a atribuição de guardião pessoal do imperador e vingador dos Césares.

ASTRONOMIA

A constelação de Áries

A ronda das constelações, na faixa zodiacal, logicamente não tem começo nem fim. Apenas para referência foi escolhido 0° de Áries, ponto de intersecção da eclíptica com o equador, para servir de início do ano astronômico e astrológico, no momento em que o Sol passa por esse ponto, a 22 de março de cada ano. Hoje em dia é assim apenas teoricamente, pois, em virtude da precessão dos equinócios, o dia 22 de março já não corresponde ao 0° de Áries; está no centro da constelação de Peixes e vai recuando, lentamente, em direção a Aquário.

Áries é uma constelação bem pequena e sua localização não é muito fácil. Não possui estrelas de grande fulgor e as principais chamam-se Hamal, Sheraton e Mesartim. Junto a Áries, fora da faixa zodiacal, existe uma pequenina constelação chamada Triangulum; dentro dela, dando-lhe maior beleza e mistério, existe uma extraordinária nébula em espiral. O Triangulum, com suas três únicas estrelas, parece representar o trinário corpo-alma-espírito, coroando o homem recém-criado na divina chama do fogo de Áries.

Ligada a Áries pela lenda, mas bem distante dela no céu, está a constelação antes chamada o *Navio Argo*. Hoje essa constelação está dividida em quatro pequenas outras: Carina, Puppis, Pyxis e Vela. A alfa de Vela é a estrela Canopus, o corpo celeste de mais poderoso brilho depois da estrela Sirius, na parte do Universo visível para nós, terrestres.

O planeta Marte

O planeta Marte, que tanta curiosidade nos desperta, é quase duas vezes menor do que a Terra, tendo um diâmetro de 4200 milhas. Quando está bem próximo da distância que nos separa que é de 35 milhões de milhas, isso corresponde a uma distância 150 vezes maior do que a que separa a Terra da Lua. Sua temperatura, à noite, atinge cerca de 170 graus abaixo de 0. A atmosfera é tão rarefeita que corresponde somente a 1 ou 2% da atmosfera terrestre, ao nível do mar. Se os homens um dia atingirem, e certamente atingirão esse planeta, terão de viver em condições excepcionais, sempre com roupas pressurizadas e capacetes com oxigênio. Não poderão cozinhar os alimentos, pois a água se evaporará antes mesmo de ferver. Aliás, se quisessem cozinhá-los, não poderiam usar carvão, óleo, petróleo ou outro qualquer combustível utilizado aqui, pois este não produziria fogo. Não conseguiriam sequer acender um palito de fósforo ou um isqueiro e não poderiam acender um cigarro.

O ano em Marte tem 687 dias e sua superfície, cheia de gigantescas crateras, mais se assemelha à da Lua do que à da Terra. Observado pelo telescópio, tem a aparência de um disco avermelhado ou castanho, dividido no hemisfério Sul por uma cinta escura que delimita zonas coloridas, cuja tonalidade varia entre verde-azulado, cinza-esverdeado e azul-esverdeado. Sua superfície é quase totalmente constituída por imensos desertos avermelhados. O que faz com que, no céu, ele tenha sua peculiar cor vermelha. Principalmente no hemisfério Sul, existem grandes manchas escuras que foram chamadas *maria* (mares), pois julgava-se que eram grandes extensões de água; mas recentemente os astrônomos provaram que são apenas outros desertos ressecados, pois não refletem luz, como deveriam fazê-lo se fossem oceanos.

Há outras manchas escuras, que surgem na primavera marcial e se alastram rapidamente, como se se constituíssem de uma espécie de vegetação de veloz crescimento; se houver realmente vegetação em Marte, ela deve ser bem diferente da nossa, pois lá não existe oxigênio livre na atmosfera, que tem alta porcentagem de dióxido de carbono. Há, porém, vapor d'água e Marte tem calotas polares como as nossas. No princípio julgou-se que elas fossem compostas por dióxido de carbono congelado (gelo seco), mas depois ficou provado que eram constituídas par vapor d'água cristalizado, ou neve igual à nossa.

Os famosos canais de Marte, que se imaginava fossem construídos por seres inteligentes, provaram ser, apenas, um fenômeno tipicamente marciano similar às manchas que se supõem ser vegetais, pois são vistas em certas épocas e em outras não. O que parece ter sido feito por seres inteligentes é Fobos, um dos seus satélites, que tem apenas dez milhas de diâmetro e dá duas vezes ao dia a volta ao redor do planeta, enquanto Deimos, seu companheiro, que tem cerca de oito milhas de diâmetro, dá uma volta apenas, como a nossa familiar Lua. Em 1959, o astrônomo I. S. Schkolovsky levantou a hipótese de Fobos ser uma esfera oca, artificial, pois essa parece ser a única explicação plausível para o aumento de velocidade de Fobos, observado em 1954, que está se comportando como se comportam os nossos satélites quando vão perdendo altura.

Hoje, que mandamos astronautas ao espaço e que estamos habituados às pesquisas espaciais, a idéia de Fobos ter sido construído para servir de base espacial ou para qualquer outra finalidade só conhecida por aqueles que o fizeram, não nos parece absurda. Absurda ela deveria parecer se alguém a tivesse sussurrado para Asaph Hall, o astrônomo que, em uma noite de agosto de 1877, no Observatório Naval dos Estados Unidos, descobriu que Marte tinha dois satélites...

ALGUNS ARIANOS FAMOSOS

Papa Bento XVI, 16 de abril de 1927
Ayrton Senna, 21 de março de 1960
Roberto Carlos, 19 de abril de 1941
Ronaldinho Gaúcho, 21 de março de 1980
Franz Joseph Haydin — 1º de abril de 1732
São Francisco Xavier — 7 de abril de 1506
Casanova — 5 de abril de 1725
Rafael, pintor espanhol — 6 de abril de 1483
Charles Fourier, filósofo — 7 de abril de 1772
Van Dick — 22 de março de 1599
Goya — 30 de março de 1746
Leonardo da Vinci — 15 de abril de 1452
Descartes — 31 de março de 1596
Johann Sebastian Bach — 21 de março de 1685
Paul Verlaine, poeta — 30 de março de 1884
Anatole France — 16 de abril de 1884
Herbert Spencer, filósofo — 17 de abril de 1820
Gogol, escritor russo — 31 de março de 1809
Anthero de Quental — 18 de abril de 1842

Máximo Górki — 28 de março de 1868
Gabriela Mistral — 7 de abril de 1889
Adolph Hitler — 20 de abril de 1889
Charles Chaplin — 16 de abril de 1889
Bela Bartok, compositor — 25 de março de 1881
Leslie Howard, ator — 3 de abril de 1893
Nikita Khruschev — 17 de abril de 1894
Mary Pickford, atriz — 8 de abril de 1892
Émile Zola — 2 de abril de 1840
Bismarck — 1º de abril de 1815.